U0017846

每天懂一點人情世故

菜根譚中的做人做事智慧

章岩
著

推薦序

如何保持正能量遊走在險惡的江湖之中

章岩老師的這一本《每天懂一點人情世故》，是將《菜根譚》這本處世名著裡的一些精髓要義，分解為明白易懂的實踐方法。《菜根譚》這本書自明代以來一直是士大夫處世寶典，但是基於文體深奧理解不易的現實，往往需要人過半百後，方能略解之。

現在，章岩老師用其驚濤駭浪中起伏的人生體驗為我們分析這本經典，真是讀者之福。試看如今的人世間錯縱複雜物慾橫流，大多數人的失敗失序皆衍生於對本性、外局不明的結果。章岩老師的筆刀算是菩薩之心吧。

《每天懂一點人情世故》一書共十章，將社會混亂現象歸結於被蒙蔽扭曲了本性。如果人可以回到了那種比較清新無求的初衷，就像大魚大肉吃多了，吃點青菜樹根自有一番滋味。這本書裡面把《菜根譚》中的一些比較深奧的道理言簡意賅地、甚至用一些實例來告訴我們，如何保持正能量遊走在險惡的江湖之中。

我對本書十個章回的內容大概分析為以下六點：

一、分享

所謂分享就是願意將自己的成果和資源跟別人共用，這是《菜根譚》一書中非常重要的一個理念，它是人際關係的電閘，正所謂無胸襟豈能成大事。

二、和諧

很多人常常把自己處在困境的原因歸罪於其他的人的偏見與陷害，其實和諧的處世觀才是雲淡風輕的良藥。

三、戒貪

在章岩老師的闡述裡，貪是人性的基本元素。處世成功之道在於人比較不貪，而不是誰比較貪。光是這一個論述真的發人深省。

四、隨性

隨性就是不必拘泥於自己的某些概念跟立場。其實有很多的事情隨著時光跟所處的位置都會改變我們的想法，所以最好的自處之道就是隨遇而安。

五、自律

人生來就喜歡批評別人，放大自己。對一個平庸之輩而言，守法就能安身立命。但是對於自強不息的英雄就要有非常自律的修養。所謂「高處不勝寒，唯有律者持」就是這個意思。

六、變通

「食古不化」就是不知變通。能循天地之節氣養自我之長存，就是變通。

章岩老師經歷了中國近代最劇烈的時期，哲人有斯言，必有其血淚也。在這本《每天懂一點人情世故》裡面，章岩老師是以《菜根譚》為張本，傳授處世修身的秘訣，也是對於人們價值觀的一種探索。我個人認為，《菜根譚》其實就是一種清貧思維，所謂「清貧思維」就是對於「名利」最終價值的認知。年輕的時候要盡量理解清貧思維的意義，才能避免中年之前就身敗名裂，如果有幸在年紀大的時候，有些所得，便不會在臨終時落得個空手而歸。

序

世事洞明皆學問，人情練達即文章

在這個世界上，常常可以見到有才華的「失意人」。他們才高八斗、學富五車，但為何最後卻落了個一事無成的下場呢？而許多並沒有什麼才華的人卻能功成名就、春風得意？都是兩個肩膀扛著一個腦袋，為什麼人生竟會如此不同？

究其原因，就是人情世故！從某種程度上說，是否懂得人情世故，決定一個人的一生是飛黃騰達，還是窮困潦倒！

大凡成功的人，無一例外都明白這一點。他們讀懂了社會的本質和人性的法則，知道對方需要什麼，知道對方腦子裡在想什麼。他們在不動聲色中，就已經實現了人生目標。這些人成功的密碼是什麼？其實很簡單，無非「人情世故」四個字而已！

如果不懂人情世故，從一開始就註定了沒有成功的可能，這樣折騰下去也只是白白浪費精力。而一個對人情世故運用純熟的人，哪怕剛開始能力差一些，未來還是大有希望的，因為只要掌握了這一獨門絕技，就遲早能夠迎來命運的轉機。哪怕你是某方面厲害的高手，還是含著金湯匙出生，如果不懂人情世故，好日子也不會長久，肯定會走到走投無路的地步。這是真理。只要你稍微動腦想一想，就能想出很多身邊的事實。你會發現，真正的聰明人做人做事恰到好處、滴水不漏，不僅收穫了實利，也落下了美名；而有的人則刀子嘴豆腐心，不少幫別人的忙，卻沒有一個說他好，培養了不少敵人在身邊。

生容易，活容易，生活不容易。在這個世界上，每個人都必須面對殘酷的競爭。因為不懂人情世故，歷史上很多立下汗馬功勞的功臣名將，最後落了個被誅殺的下場——他們沒有倒在敵人的劍下，卻冤死在自己人的手中。鮮血橫濺、腦漿塗地，世上無處可售後悔藥。即使有，後悔也已經來不及了。他們光輝燦爛的一生，就這樣草草收場。如此用鮮血和腦漿寫下的沉痛忠告，我們怎可不懂？

謀生很難，想謀得好更是難上加難。一不小心就會庸碌一生。事業不成，哪怕你才高八斗、學富五車，都將淪為平庸！如果事業有成，哪怕是一個酒囊飯袋，也會被人吹捧成天才！人情冷暖、世態炎涼，這就是現實的殘酷之處。這個世界，生存壓力太大，要想讓自己生活得好、活出個名堂，就必須讓自己懂點兒人情規則。的確如此，人生就像一場遊戲，不懂規則的人，最終會死得很難看，而對規則運用純熟的人，才能在遊戲中勝出！

俗話說：「世事洞明皆學問，人情練達即文章。」無論古今中外，人情世故都是一門必修的課程和學問。本書從某種意義上說，是一本將人情世故一語道破的書，將千年智慧與當下實際相結合。

Chapter 2

風光時的朋友是鐵，落難時的朋友是鑽石

Chapter 3

世界上到處都是「聰明」的傻子

Chapter 4

為什麼有的人做得很棒卻得不到提拔和重用

Chapter 5

真理在少數人手中——你無需活給別人看

Chapter

1

鋒芒太露容易沒飯吃

為人處世的第一要義——鋒芒太露容易沒飯吃；好東西不要一個人獨吞，要適當分給大家一些，否則別人會嫉恨你！

好東西不要一個人獨吞，要分給大家一些

原文

徑路窄處，留一步與人行；滋味濃時，減三分讓人嘗。此是涉世一極樂法。

譯文

在道路狹窄時，要留一步讓別人能走；在享受美餐時，要分一些給別人吃。這是立身處世獲得快樂和成功的最好方法。

小時候，爸爸經常告誡我說：「好吃的東西不要一個人獨吞，要適當分給大家一些，否則小朋友就不跟你一起玩，別人就嫉恨你，有了好處也會把你擠到一邊。」那個時候，我對這些話似懂非懂、半信半疑，所以總因小事與人爭個你死我活。

踏入社會後，現實的磨礪和複雜的人際關係，讓我徹底明白這句話的深刻含義。一個人只有懂得了這個道理，才能頓悟成功人物之所以成功的原因。比如，小朋友聚在一起玩遊戲，其中一個孩子肚子餓了，就從包裡拿出好吃的糕點，正好被大家看到。

這時，他有兩種選擇：分一些給大家，或者自己獨吞。選擇是瞬間做出的，但卻能導致一生截然不同的結果：

一、分給大家。小朋友因為得到美食，都很喜歡他、擁護他。從這一刻起，他在這群同齡人中脫穎而出，成為這個小團體中當之無愧的領袖，將來成為號召力很強的人。

二、自己獨吞。旁若無人，全塞進自己嘴裡吃掉。糕點是他的，這沒問題。但大家都拿他當小氣鬼，以後沒人跟他玩。他失去了一個在團隊中當頭的機會，而且失去了團隊的信任，拐進的是一條狹窄的胡同。順著這個軌跡成長，他將來很可能就是普通人。

一個不經意的選擇，就決定人的一生。並不是所有的事情都是狹路相逢勇者勝，在恰當時機懂得與人分享，可以讓大家都得到利益，最後自己也會戴上贏家的桂冠！

人與人之間的相處，很多時候並不是單項選擇題——有你沒他，而是多項選擇，可以雙贏。有些人不明白，他們只知道對抗到底、魚死網破。為爭名奪利打得頭破血流、同歸於盡的例子，我們身邊經常上演。這種人永遠沒能體悟到，在必要時讓一步，反而能給自己帶來更大的好處。

有個年輕公務員，畢業於名校，才華橫溢，走到哪兒都帶著一股指點江山、捨我其誰的氣勢。他覺得別人都如無用螻蟻，不配跟自己比。「我的能力最強，所以理應得到最多。」他總是這麼想，得到好處不與同事分享，事事都獨佔頭功。

結果怎麼樣呢？部門裡的同事聯起手來，結成同盟，跟這位「優秀人才」較勁，合力拆他牆角、拖他後腿，處處找他麻煩，任你多麼認真敬業、盡職盡責，我等就是不配合。一個人處在這種環境下，要想做成點事情，那真是比登天還難！

最後，這位年輕人的工作當然做不好，走到哪兒都碰壁，一身才華困在腹中無法施展，甚至沒處訴苦！於是，主管痛責，同事不憐，他在每個人面前都沒留下好印象。到了這地步，公司分給他的那把椅子就該收回去了。

只想好處獨佔卻落個一無所有，你說可憐不可憐？有句話說：「世界上沒有永遠的朋友，也沒有永遠的敵人，只有永遠的利益。」這句話表明國與國之間、人與人之間交往的根本問題其實就是利益分配。懂得利益分配，其實就悟透了人性的本質、社會的真相。

《菜根譚》中有句話說：「人情反覆，世路崎嶇。行不去處，須知退一步之法；行得去處，務加讓三分之功。」意思就是，人間世情反覆無常，人生之路崎嶇不平。在人生之路走不通的地方，要知道退讓一步的道理；在走得過去的地方，也一定要給予人家三分的便利，這樣才能逢凶化吉、一帆風順。

留一步讓三分，不僅給別人留一條活路，也是拓展人際資源的絕妙之策。今天你讓了他人一步，明天對方會還你兩步，等於交了一個好朋友，在社會上打開一道通往成功的方便之門。如果你不懂利益均沾原則，凡是好處都自己獨吞，那麼即使擁有驚世的才華也只能淪為無用的白紙！如果學點分享主義，好處利益適當地分給眾人，讓每個人的心理得到平衡，這樣大家肯定會通力合作，協助你順利成功。

《菜根譚》中還有一句話說：「爭先的徑路窄，退後一步自寬平一步；濃豔的滋味短，清淡一分自悠長一分。」意思就是，和人爭強好勝，道路就會越走越窄，如果能退後一步就會路面寬平、天地廣闊；凡是太過濃烈的味道總容易讓人生膩，如果能清淡一分，就會覺得滋味歷久彌香。大凡成功的「強人」無一例外都懂得這一點。他們一擲千金、讓利於人，讓跟隨自己的人得到實惠，從而死心塌地、赴湯蹈火。即使是最精明的大商人，也都奉行這一理念。比如，一個大專案，明明自己有能力承接，也要退讓一步，拉合作夥伴一起開發，以此展現自己「路留一步，味讓三分」的氣度，宣告自己不是那種斷人財路、獨佔福源的人。

事實正是如此，唯我獨尊最危險，大家都有湯喝才是王者之道！這一處世法，是中國幾千年來一直奉行的「潛規則」。是否懂得這一處世法，決定一個人的一生是坎坷不平，還是順風順水。

鷹立如睡，虎行似病：鋒芒太露容易沒飯吃

原文

鷹立如睡，虎行似病，正是牠攫人噬人手段處。故君子要聰明不露，才華不逞，才有肩鴻任鉅的力量。

譯文

雄鷹站立的樣子好像睡著了，老虎行走時懶散無力彷彿生了大病，實際上這正是牠們捕人吃人的高明手段。所以真正聰明的人要做到聰明不顯露、才華不炫耀，如此

才有幹大業做大事的擔當和力量。

鋒芒太露容易沒飯吃——這是跌過跟頭的老祖宗們寫下的忠告！可惜很多人就是不明白這個道理。他們認為自己聰明過人、能力超群，看誰都是豆腐渣，唯有自己是朵花，什麼都不放在眼裡。這種人最容易沒飯吃，甚至會為此丟掉性命。

相信大家都聽說過「真人不露相，露相不真人」這句話，意思就是，真正的聰明人身懷絕技而深藏不露，絕不到處炫耀，而是等待時機一鳴驚人。有才華固然好，但不能整天頂在頭上。就像有錢當然是好事，但你會每天提著錢箱子到街上去顯擺嗎？

才華是一個人成功的基礎，一個有才華的人能得到大把的表現機會，一個無能的人，即使再張揚表現自己也不可能成功。但一個有才華的人過於炫耀自我，壓抑了他人的表現空間，損害了他人的利益，就必然招致眾人的一致嫉恨。如果發展到這一步，此人的前途和事業就非常危險，隨時可能被人拉下馬來！

三國晚期的諸葛恪，是諸葛亮的兄長諸葛瑾的兒子。名門之後，家教嚴格，他在很小的時候就展現出了才思敏捷、天賦過人的特質，大家都認為他的才能超過了其父諸葛瑾。不過，諸葛瑾不為有這麼一個好兒子感到高興，反而覺得諸葛恪會給家族帶來不幸。為什麼呢？諸葛瑾說：「恪性格急躁、剛愎自用，而且太喜歡表現自己，鋒芒過於外露，終將引來禍端。」果不出父親所料，諸葛恪長大掌權後，逐漸獨斷專行、以才壓人，認為自己什麼都最好，目中無人。建興二年（西元二五三年）十月，托孤大臣孫峻暗中聯合吳國君主孫亮，以赴宴為名將諸葛恪誘入宮中，在宴會上將諸葛恪殺害，時年五十一歲，其家族也因此遭受牽連被誅滅。

在這個世界上，常見才華出眾卻被排擠的人。他們才華在手，就像擁有一把傳世名劍，逢人就要吹噓一番，拿在手中四處揮舞，生怕別人不知道自己有驚世之才，傻乎乎地把自己樹成人人想打的活靶子。他們看不見自己腳下的火坑，就這樣不知不覺掉了進去。

才華猶如一把雙刃劍，可以刺傷別人，也會刺傷自己，所以運用起來應當小心翼翼，平時應插在劍鞘裡。凡是做大事業的人，都應該修煉「藏露」之功。明代洪應明在《菜根譚》中說：「文章作到好處，無有他奇，只是恰好。人品做到極處，無有他異，只是本然。」才智的使用也應如此，用至好處，只是恰好。當智則智，當愚則愚，愚也是一種智。必要時，裝一裝「低能兒」，做一做「糊塗人」，都是明智之舉。

當一個人遭遇挫折的時候，或許會抱怨大喊——我這麼有才華，為什麼卻落到這樣的下場？蒼天真是不公！蒼天真的不公嗎？非也，是這人不懂基本的人情世故的緣故。這都是自己造成的。當一個人面臨人生敗局時，是否應該自我反思一下呢？是否有些地方做得太過分了？是否目中無人，過於突出自己，忽視了其他人的感受？是否自以為聰明絕頂，別人都愚不可及？一個人如果這樣反思一番，就能找到問題的癥結，然後對症治療，等頓悟明澈之後，也就真正成熟起來了！

翻開《二十四史》，我們可以輕易地發現被小人運用陰謀詭計殺害的忠臣名將不計其數。韓信、岳飛、袁崇煥等等，莫不如是。這種悲劇的發生，一方面是因為小人過於奸詐殘忍，另一方面又何嘗不是因為被害者不懂玉韞珠藏的智慧呢？他們風頭過於張揚，才華過於橫溢，同時又目空一切，不把身邊的同僚甚至自己的老大放在眼裡，這樣的人不掉腦袋才怪。

此外，《菜根譚》中還有這樣一段話：「士君子之涉世，於人不可輕為喜怒，喜怒輕，則心腹肝膽皆為人所窺；於物不可重為愛憎，愛憎重，則意氣精神悉為物所制。」意思就是，一個人為人處世，不可喜怒形於色，否則心腹肝膽都讓人看透了；對待外物，不可愛憎太重，否則意氣精神都會受到外物的控制。西方世界也有類似的說法：「法國人的聰明藏在內，西班牙人的聰明露於外。」前者是真聰明，後者是假聰明。在人際交往中，我們一定不能自作聰明，要學會真聰明——切忌只知伸不知屈；只知進不知退；只知自我表現，不知韜光養晦。如此一來，我們即使才高八斗，也照樣兩手空空。

在社會上行走，我們每個人都要掌握這種低調隱忍的做人絕學。多一些深思熟慮，少一些鋒芒畢露，千萬不要把肚子裡的「寶貝」像竹筒倒豆子一樣全拿出來。若不懂這一道理，肚裡有再多的寶貝，也終將成為別人的囊中之物！

兔子急了會咬人，千萬別把對手逼到絕路上

原文

鋤奸杜倖，要放他一條去路。若使之一無所容，譬如塞鼠穴者，一切去路都塞盡，則一切好物俱咬破矣。

譯文

剷除邪惡、杜絕小人，有時應給他們留一條改過自新的生路。如果逼得對方無立足之地，就像把老鼠能夠逃生的出口都堵住，牠會在走投無路的情況下把一切好東西全都給你咬壞。

為什麼說兔子急了也會咬人呢？要知道，兔子本來是溫順的動物，不到萬不得已牠一定不會反擊。但如果被人逼到絕路上，就必然會孤注一擲。

正因這個道理，落水狗不能打，打急了會竄上來跟你拼命。窮寇不要追，是因為困獸猶鬥、垂死掙扎，會對你造成不必要的傷害。做人做事要懂這個基本常識。給對方留條活路，你也受益無窮。不過有些人就喜歡落井下石、斬盡殺絕，結果呢，對手永遠殺不絕，自己的立足之地反而越來越窄。

東漢年間，大將竇固率軍攻擊匈奴。這支匈奴騎兵只有五百人，從大漠深處飛奔而來，為的就是趁秋收期間搶奪老百姓的糧食。但他們剛入關不久，就被竇固的兵馬圍在了一座山谷中。漢軍把山谷兩側的出口堵個滴水不漏，然而連續向內攻擊了十幾次，都沒能把這區區五百人殲滅。匈奴人組成一個圓陣，躲在石頭後面，不停地向外放箭，谷口躺滿了漢軍士兵的屍體。

竇固見此情景，命令部下把一側出口的士兵撤走，留出一條路。部下大惑不解：「將軍，敵軍陷入重圍，就是插翅也飛不出去啊！何況只有區區幾百人！只要再攻數日，一定能將他們全殲！不知您為何要放他們逃生？」「當然不是放他們逃生。」竇固說，「現在他們沒有退路，必然個個向前，奮勇死戰。何況谷內草木繁盛、水源充足，他們也困不死。長時間這樣耗下去，就算我軍最後大獲全勝，也已經傷亡慘重，所以才要放他們出來，在追逐中斬殺他們。」

情況果然如竇固所料，這支匈奴部隊從山谷裡逃出來之後，眼見有了生路，拼命地向北逃跑，猶如驚弓之鳥，隊形散了，人心亂了，沒有人再想著回頭跟漢軍拼命。竇固率領的漢朝騎兵就在後面保持著一定的距離，不斷用弓箭進行射殺，不到一天，就消滅了這股入侵之敵。

兵者，置之死地而後生。這個道理很容易理解，如果我們把敵人逼到絕路，看不到一點希望，他們反而會破釜沉舟，跟我們來個魚死網破。此時的敵人個個是猛虎，個個背水一戰。我們要想打勝仗可就不那麼容易了！即使最後贏了，也已經付出巨大的代價，得不到任何好處。

在歷史上，像這種置之死地而後生的例子屢見不鮮。春秋時，燕將樂毅出兵攻打齊國，只有即墨城沒有攻打下來。他們就圍得死死的，猛攻緊打。這時齊軍已到垂死的邊緣，突然齊國名將田單振臂高呼：「國就要亡了，我們怎還會有家？」於是士兵人人有誓死報國的決心，竟然一戰收復全部失地。請讓我們假設一下：如果燕軍在攻到即墨城時能放對方一條生路，他們必將爭相逃命，哪有士氣可言？就算換個地方再戰，對方因為有了失敗經歷，如同驚弓之鳥，也是最容易對付的敵手，可謂最薄弱的環節。瞄準這個環節一刀砍去，哪有不勝之理？

生意場上也是如此。曾經的蒙牛總裁牛根生說：「不要把你的競爭對手逼到絕路，也不要輕易激怒他……損人一千、自耗八百的蠢事不要幹！」事情往往如此，當我們咄咄逼人，把對手逼得無路可逃的時候，往往自己發不了財，甚至會賠個精光。因為對方無路可走的時候，必定會像兔子蹬鷹一樣，以瘋狂的策略給我們致命的一擊！這樣一來，即使我們擊敗了對手，自己也傷得不輕。這樣的話，就算不上什麼勝利，反而是不敗之敗了。

為人處世，這個道理同樣適用。我們總會碰見形形色色的人，許多人或許會露出弱點和錯誤，這個時候如果你步步緊逼，抓住別人的錯誤打擊到底，不給一點面子，也不給對方一點臺階下。如此一來，對方就會跟你針鋒相對，撕破臉皮鬥到底，不是他死就是你亡！你們之間不僅做不了正常的朋友，說不定會成為世代的仇敵。這對你人脈圈的拓展非常不利，必將嚴重影響你未來事業的發展。

我們一定要懂得「千萬別把對手逼到絕路上」這一處世法則。對於那些不足掛齒的小錯誤，應該大度地給對方一個調整糾正的機會，必要時甚至可以幫對方遮掩一下。這樣一來，你收穫的不僅是衷心的感激，還有眾人死心塌地的支持！

別輕易交心：誠實不當傻瓜，坦誠而不幼稚

原文

遇沉沉不語之士，且莫輸心；見悻悻自好之人，應須防口。

譯文

對沉默寡言、表情陰沉的人，不要輕易地推心置腹；碰到滿臉怒氣、自以為是的人，則一定要管住自己的大嘴巴。

凡是吃過虧、栽過跟頭的過來人都喜歡說這樣一句話：「忠厚是無用的別名。」這種說法也許太刻薄了一點，但如果我們仔細想一想，就會發現這句話絕不是空穴來風，更不是教人作惡的不良言辭，而是無數過來人在屢屢碰壁之後，歸納總結出的人生警句——他們都曾為此付出巨大的代價。

讓我們假設一下：如果你過於忠厚和誠實，別人套什麼話都一一作答，但等你問別人的時候，對方卻以各種各樣的理由給予推託。這之後的感覺就像被人扒光了衣服，而別人卻穿戴體面地坐在車廂裡笑你傻瓜！確實如此，在現實中到處可見被騙了還幫人數錢的人，他們回頭還不忘說句「謝謝」。

林立是一個特別忠厚老實的人。在外地生活了二十年後，卻怎麼也學不會世人的人情世故，更不會辨別他們的虛偽。林立曾經做過電器生意，總是因為過分地相信別人，不是被客戶拖欠貨款，就是被員工要賴勒索。這種忠厚老實，在親友們看來其實就是懦弱，經常被指責和埋怨。幾經挫折之後，再加上患有心臟病，林立終於放棄做生意的念頭，踏上去東北的火車，在黑龍江一家農場幫人打工，一直艱難地生活著。

在這個世界上，每個人都為生存而奔波，為生存而殫精竭慮。為了生存下來，為了生活得更好，我們有必要讓自己有智慧，有必要在複雜的社會關係中遊刃有餘。因此我們要牢記的一條準則就是——做人不可太老實，否則很可能一輩子拼命奮鬥卻一無所獲。很多人想不明白為什麼自己勤奮一生卻仍然不能富有起來？相信在這裡能找到正確答案。

做人不可不真誠，但也不可太老實，這並非教人學壞的言辭，而是痛心教導世人在為人處世時要懂得彈性和技巧。要知道，歷史上很多人就是因為過於忠厚實誠，輕易交心而洩露底牌，最終為自己惹來了殺身之禍。

宋文帝劉義隆，中國南北朝時期劉宋王朝的第三位皇帝。其人忠厚仁慈、為人大度，經常對年老、喪偶、年幼喪父及患重疾而生活困難的民眾進行撫恤，因此深受百姓愛戴。

看到父皇如此年富力強，急於篡權的太子劉劭，把文帝的玉像埋在含章殿前，詛咒他快死，好讓自己快點繼位。剛開始，文帝蒙在鼓裡不知道。不久，劉劭的奴僕陳天興與婢女王鸚鵡私通被發現，被劉劭給殺掉了，與他一起埋文帝玉像施行詛咒的太監門慶國嚇壞了，誤以為自己肯定也要被滅口，於是就向文帝坦白告發了事情的真相。

文帝得知以後，又驚又氣，派人搜查王鸚鵡家，獲得太子的不少罪證。當夜，文帝與尚書僕射徐湛之密謀，準備廢掉太子，同時還要賜死太子的同黨——小王爺劉濬。

眼看兩個陰謀家就要完蛋，因為文帝只要一下令，這個局也就定了。可是，這個輕而易舉的勝局，竟然壞在文帝自己身上。忠厚坦誠、胸無城府的文帝一時昏了頭，竟把此事一五一十地告訴了潘淑妃。潘淑妃是什麼人哪？小王爺劉濬的養母啊！她愛子心切，秘密通知小王爺劉濬。劉濬馬上派人速報太子劉劭。他們連夜起兵，攻入皇宮，把文帝給殺了。文帝時年四十七歲，可謂英年早逝。

如果文帝能事先想想潘淑妃與劉浚的關係，以及劉浚與太子的交情，參透其中的利害，又怎會輕易洩露這麼重要的機密呢？所以，仁慈誠實可以，但切莫在任何關鍵問題上都胸無城府、毫無戒備。這就告訴我們在說話做事之時，一定要看清對方是誰，瞭解這人是什麼性格，平時做事的特點是怎樣的……這一切事先都要有個基本的分析，千萬不可對誰都忠厚老實，動不動就掏心掏肺。

《菜根譚》中說：「遇沉沉不語之士，且莫輸心。」的確如此，那些沉默寡言、喜怒不形於色的人，他們的城府往往很深，心機也特別多，與之交往就必須注意——千萬不能太急著把自己的底牌暴露給他，因為你不知道他是善意還是惡意，是敵人還是朋友。如果說話做事太倉促、太缺乏考量，很容易就被對方抓住弱點，反過來鉗制你！

相信被欺騙利用的滋味沒人喜歡吧？為了避免這樣的下場，我們要讓自己「逢人且說三分話，未可全拋一片心」。這一忠告聽起來好像很滑頭，實際上並非如此，這是一種謹慎的處世態度。與人交往，必須牢記一個原則——誠實但不當傻瓜，坦誠而不幼稚！

誠實但不當傻瓜，是什麼意思？就是保證自己說給別人聽的話大都是真實的，不含欺騙成分，但在關鍵問題上有所保留。如果把自己的全部資訊毫無保留地告訴對方，那就是傻瓜了。比如跟人做生意，你不弄清對方是什麼人，不瞭解他的用意，然後就將重要資訊洩露給他，這時他就可能會甩開你，直接去跟客戶做生意。

坦誠而不幼稚，又怎麼講呢？世界上總有人心險惡的一面，我們要懂得把握分寸。如果總是懷疑一切，拒人於千里之外，說明你不夠坦誠。但如果不管對方是什麼人，都傻呵呵地跑過去掏心窩子，一廂情願地以為會收到對方善意的回應，這就相當幼稚。

誠實與傻瓜之間的區別就在於此。這要求我們，對待不同的人，說話做事要有所區別。逢人只說三分話，這三分都是真話，那七分不說的，也是真話。未可全拋一片心，拋出來的是真心，藏在心裡的當然也是真心。所以，在為人處世過程中，我們可以忠厚，但絕對不能當傻瓜，被人賣了還幫人數錢是可悲的，這種醜事千萬別落到自己身上。

天下沒有免費的午餐，天上掉的餡餅別亂吃

原文

非分之福，無故之獲，非造物之釣餌，即人世之機阱。此處著眼不高，鮮不墮彼術中矣。

譯文

不該得的福分、從天而降的意外之財，即使不是上天故意設下的釣餌，也肯定是別人暗算你的機關陷阱。如果不睜大眼睛保持警惕，很少有人不落入這些詐術圈套中。

據說在幾百年前，一個老國王交給他最聰明的臣子一個任務：「你去給我編一本書，叫《各時代的智慧錄》，以傳給我們的子孫。」

這個臣子接到任務之後，就帶著一批人去編書了。他花費了很長時間，整整編寫了十二卷，幾百萬字。老國王看到他編好的書說：「我相信這是各時代的智慧結晶，但是太厚了，我怕後人不能認真地看完，最好濃縮一下。」

臣子又精簡了很多，最後將十二卷書精簡到一卷。但是，國王還是認為有些長，又命令臣子去壓縮。臣子無奈，把這卷書濃縮到了一章。老國王還是覺得有些長。臣子不得不又進行濃縮，把一章濃縮到一頁，後來又把一頁濃縮到一段，最終，濃縮到一句話。

老國王看到這句話，十分高興：「各位愛卿，這可是各時代的結晶啊！只要大家抓住了這句話，所有的問題都迎刃而解了。」

這句經過千錘百煉的話，就是——天下沒有免費的午餐！

磕磕絆絆成長到現在，許多騙子給善良的人們上過昂貴的「人生課」，這些都是血淚經驗。我們要牢牢記住一個信條——天上不會掉餡餅，世界上沒有免費的午餐！如果不是互有利益關係，誰也沒有義務為你提供免費的午餐，就好像糖衣炮彈，蜜糖下包裹的可能是致命的毒藥。

如果收下免費的午餐，就得收下伴隨而來的諸多麻煩，這就叫「吃不了兜著走」。

是的，誰不想一夜成名、一夜暴富呢？這樣就省得自己辛苦拼命了。但是這怎麼可能呢？別人憑什麼把自己辛辛苦苦得到的午餐送給你？換句話說，你會把自己辛苦掙來的午餐給別人嗎？如果做不到，那麼為什麼要求別人做到呢？所以，與其把這些毫無可能的希望寄託在別人身上，不如自己去努力，掙自己的午餐。

母親曾跟我講過一次自己受騙的經歷。一天，她走在繁華的馬路上，突然看到路邊不引人注目的角落裡放著一個錢包。錢包的拉鍊敞開一半，裡面露出幾張百元大鈔。母親頓時就動了心，上去把它撿起來。打開一看，裡面有五千元。

這下可發財啦！母親正想揣進口袋裡，旁邊過來兩個人，警告說：「這不是你的錢，我們也都看見了，要想不讓我們告發你，就得分給我們一半！這樣吧，你先把這個錢包藏起來，別讓人發現了。現在你口袋裡有多少錢，隨便給點就行！」

母親心想也可以啊，我口袋只有幾百塊錢，堵住他們的嘴巴，這些錢都全歸我了！於是想都沒想，把口袋裡的錢全部掏給他們。等這兩人走後，母親越想越不對勁，重新把撿到的錢拿出來，對著太陽仔細一瞧——全是假鈔！

騙子就是這麼成功的。他們利用了人性中貪圖非分之財的弱點，跟鳥兒和魚兒被誘餌引上鉤是完全相同的道理。壞人欲有所圖，就會抓住你對財富的貪欲，讓你主動跳進他們事先設計好的陷阱。

社會是一個大林子，林子大了，什麼鳥兒都有。在這個騙子林立的世界上，我們必須懂點明哲保身的學問。正因於此，凡是電話、網路通知中獎，手機簡訊告訴領錢的，我們都應該一律不當回事。要知道，世上哪有這麼美的事，都讓你一個人碰上了？

其實，每個人身上本來就有別人可能有所圖的地方，只是受害者本人也許不清楚自己到底能付出什麼。這樣的人在警惕性不足的情況下很容易上當。

免費的午餐會以很多形式出現，比如善意面孔背後藏著噁心的要求，比如赤裸裸的交易，比如送上門的好事，然而接下來卻麻煩不斷……因此當遇到「免費午餐」的時候，一定要繼續往前看，看是不是還有好大一個圈套在等著？

天下沒有免費的午餐，如果有人莫名其妙地送午餐給你，一定要動腦筋想想這午餐裡是不是有毒？如果有個陌生人無緣無故將一個大包裹送給你，你也一定要懷疑，包裹裡面是否裝有毒品、炸彈？總之，雖然騙子的圈套和陷阱千變萬化，但萬變不離其宗，只要牢記兩句話，保你安全無虞。

天上不會掉餡餅！

不見兔子不撒鷹！

伸出去的拳頭只能被人打，收回來的拳頭才能打人

原文

藏巧於拙，用晦而明，寓清於濁，以屈為伸，真涉世之一壺，藏身之三窟也。

譯文

即使再聰明靈巧，也要顯得笨一點；即使再清楚明白，也要顯得糊塗一點；即使人格再高潔，也要顯得世俗一點；即使再有能力也不激進，寧可以退為進。這才是立身處世最有用的救命法寶，這才是明哲保身最有用的狡兔三窟。

什麼叫「以屈為伸」？打個比方，拳頭——只有收回來，打人才能打得疼！很多人往往不懂這一智慧，總是喜歡用憤青思維去做人做事，一廂情願地將個人的意志強加於別人，這實在是不智之舉。如果一個人不明白藏巧於拙、以屈為伸的道理，就必然會急於求成，不講策略與方式，這樣必將限制自我才華的發揮，影響一生的前途和命運。

記得我的大學同學H君，當年剛畢業時，雄心勃勃地想做一番大事。皇天不負有心人，他最終被一家公司錄用。到了這家公司僅半個月，H君就洋洋灑灑給上司寫了一封意見書，大談公司內部問題，上至上司的工作作風，下到員工的薪酬福利，將現有的弊病全部列舉，並且還提出詳細的改革建議。

H君的意見都很正確，但是結果怎麼樣呢？上司很難堪，雖然口頭表揚他「精神可嘉」，卻沒半點採納他建議的意思，而且沒過多久，就找藉口辭退了他。之後，H君又換了不少工作，都沒辦法長久幹下去。

該裝傻時裝傻，該聰明時絕不含糊！這才是智者處世的原則。凡是真正聰明的人情老手，大都懂得藏巧於拙、以屈為伸的道理。他們不管說什麼話、辦什麼事，都會給自己留有餘地，同時韜光養晦，積累爆發的能量。想想看，你在生活中是不是遇到過這樣的智者呢？他們平時看起來不怎麼顯眼，好像沒什麼本事，但關鍵時刻總能一鳴驚人，讓眾人刮目相看。

老子在《道德經》中說：「大智若愚，大巧若拙，大音希聲，大象無形。」大智若愚，即智慧的人表面上看好像愚笨，實則大智在其內心。這並不是讓我們去當傻瓜，而是告訴我們懂得隱藏自己，冷眼觀物，默默努力。不要咄咄逼人、聰明外露，這並不是讓你變成藏頭縮尾的「膽小鬼」，而是為人處世要分清主次，懂得方法和技巧，知道自己該做什麼、不該做什麼，具有與時俱進的敏銳和靈活。如果在任何時候都是木頭疙瘩，那就真變成傻瓜了！

赫蒙是美國著名的礦冶工程師，畢業於美國的耶魯大學，又在德國的佛萊堡大學拿到了碩士學位。可是當赫蒙帶齊了所有的文憑去找美國西部的大礦主赫斯特的時候，卻遇到了麻煩。

那位大礦主是個脾氣古怪又很固執的人，他自己沒有文憑，所以就不相信有文憑的人，更不喜歡那些文質彬彬又專愛講理論的工程師。當赫蒙前去應聘遞上文憑時，滿以為老闆會樂不可支，沒想到赫斯特很不禮貌地對赫蒙說：「我之所以不想用你，就是因為你曾經是德國佛萊堡大學的碩士，你的腦子裡裝滿了一大堆沒有用的理論，我可不需要什麼文縐縐的工程師。」

聰明的赫蒙聽了不但沒有生氣，反而心平氣和地回答說：「假如你答應不告訴我父親的話，我要告訴你一個秘密。」赫斯特表示同意，於是赫蒙對赫斯特小聲說：「其實我在德國的佛萊堡並沒有學到什麼，那三年就好像是糊裡糊塗地混過來一樣。」想不到赫斯特聽了哈哈大笑：「好，那明天你就來上班吧。」

以屈為伸方為真英雄！才華在沒有兌現之前，是一文不值的糞土！所以我們一定要讓自己聰明起來，懂得隱藏自己的拳頭，在關鍵時刻才能猛力打人！要知道，我們這一生要做許多事，不可能每件都勞心費神、張揚冒進，我們應該輕舟漂水、進退自如。

然而，在現實中，我們經常會看到很多人四處折騰，拼命窮忙而不得要領。一個人不管有多聰慧、多能幹，背景條件有多好，如果不理解如何做人做事，還是很難成功。他並不缺少才華，更不缺少勤奮，但每天的工作仍然毫無成效——因為不懂做人做事的基本方法，付出很多卻得到很少。而那些能飛黃騰達的人，總能以很少的投入獲取最大的成功——因為他們掌握了四兩撥千斤改變命運的手段。

所以，邁向成功的第一步，不是急著釋放自己的能量，而是以屈為伸，默默積蓄能量，隱藏自己的才華。我們當然需要表現自己的聰明才華，但在表現之前最好包裝一下，做到進退自如，給自己留有餘地。切記，收回來的拳頭才能打人，伸出去的拳頭只能被人打！

不要做功高蓋主被誅殺的那個人

原文

爵位不宜太盛，太盛則危；能事不宜盡畢，盡畢則衰；行誼不宜過高，過高則謗興而毀來。

譯文

一個人的爵祿官位不可太高，如果太高就會讓自己陷入危險狀態；才能本事不可以一下子全部發揮出來，如果全部發揮展現就會陷入衰落；一個人的行為品德不可標榜太高，如果太高就會遭到無緣無故的譭謗和中傷。

讀過《二十四史》的人，無不生出感慨：「開國皇帝打天下成功之後，都免不了要殺戮功臣！」這似乎已成了一條鐵律。即使英明如漢高祖劉邦、唐太宗李世民、明太祖朱元璋等，均無一例外。這一鐵律是如此殘酷和血腥，令無數功臣名將們稀裡糊塗就掉了腦袋。

這一鐵律背後究竟隱藏著什麼秘密？曾經無比英明的君主為何突然變得如此糊塗，如此殘忍絕情、忘恩負義？

一言以蔽之，功高蓋主是也！正所謂：「樹大招風，官大擔險。」因為你的能力太強、勢力太大，而且又不懂得收斂和低調，於是就成了老闆或上級眼中的刺，弄不好會刺得滿手是血。一旦事情到了這一地步，哪怕原來是光屁股一起混的夥伴，關係離破裂也不遠了。歷史上許多開國大臣，都是因功高蓋主而又不知進退最後丟掉性命的。

韓信是秦末漢初的軍事奇才，年輕時忍受胯下之辱，終於得到機會，輔助劉邦擊敗項羽，建立了大漢帝國。但權勢通天、位極人臣的他，卻失去了年輕時的睿智與警醒。他明知自己功高蓋主，已是劉邦的眼中釘、肉中刺，對劉邦的統治造成了巨大威脅，但仍然不懂得急流勇退，甚至連低調一點的態度都沒有。

不僅於此，韓信還幻想著劉邦把山東等地分封給他，建立一個世代存續的國中之國，永遠不向朝廷納稅。到最後，甚至有了將劉家江山取而代之的想法。結果可想而知，在劉邦老婆呂后的授意、丞相蕭何的精心謀劃下，韓信被騙入京城，以迅雷不及掩耳之勢被誅殺。

你看，凡事做得太過，力量用到極點，風頭蓋過上司，就沒有迴旋的餘地，就無法保護自己。越是有才華有能力的人越會招來上司的猜忌，擔心這些人垂涎自己的位置，自然要先動手除去他們了。所以很多人總是只能共患難，不能共享福。

朱元璋為太子摘刺的故事，又是一個血淋淋的例子。為了讓太子朱標接位，能夠鎮服滿朝大臣，朱元璋採取各個擊破的辦法，逐一將過去一起打天下的丞相胡惟庸、大將軍藍玉等人以各種罪名滿門抄斬，剪除了對太子的威脅。看到朱元璋如此殘忍地殺人，性情仁厚的太子前去勸阻。朱元璋一句話都沒說，只是扔一根帶刺的木棒到地上，說：「把它撿起來！」太子一摸，頓時刺得滿手鮮血，趕緊扔掉了。這時朱元璋拿起木棒，用劍將上面的利刺全部削掉，然後交到太子手中，冷笑道：「這些刺，如果我不替你除去，你拿得了嗎？」在朱元璋眼中，功高蓋主的開國大臣們就像這些扎手的刺，嚴重威脅了皇權未來的統治。

政治家功高蓋主、得意忘形會掉腦袋，而作為普通人的我們，如果思考不夠審慎，在現實中也會樂極生悲。掉腦袋不會，摔跟頭倒大楣卻是一定的。

在現實中，如果你有翹尾巴的嫌疑，就一定要注意以下幾點了。

第一，態度上要端正。你要認清形勢，無論你的上司多麼無能，他就是上司，你就是下屬，你不能改變就必須面對。

第二，行動上要低調。將心比心，你也不希望下屬的鋒芒蓋過你吧？所以，不論在公共場合或者私底下，你都要給足上司面子。比如寫報告，做好後可以給上司審閱，讓他做些無傷大雅的修改；有上司在的話，別人表揚你的工作不要忘了附帶一句——多虧了上司的支持。在大家討論工作問題時，不要和上司發生激烈的爭執，有話可以私底下好好說。

第三，千萬不要越級彙報和邀功。這在很多公司都是非常忌諱的。銷售員王凱在經理肖金指導下，出了一個百萬的單，該業績理所當然算作兩個人的。但王凱覺得所有工作都是自己做的，肖金只是在旁邊指點一二，根本就沒參與，憑什麼把自己的勞動成果占為己有？於是，在憤憤不平之下，王凱給老總發了一封電子郵件說明情況，證明這個單百分之百是自己做的，跟肖金沒關係。老總信了他的話，追加了分潤。儘管他的分潤增加了，但還是在經理肖金手下幹活，從此他的噩夢開始了，肖金動不動就給小鞋穿，最後他不得不辭職了事。

有人說過這樣一句話：「親戚朋友之間大多只能同患難，不能共享福。老闆和員工之間只能同享福，不能共患難。」創業為什麼難？就是因為缺少能一起衝鋒陷陣的人，大多員工都期望坐享其成。但也有少數員工忠心耿耿陪老闆一起創業，不怕吃苦受累，終於把公司做大做強。這個時候，面對老闆的春風得意，一起打天下的員工的心理就開始不平衡了。對於這些員工的心理變化，老闆們當然能察覺到。一般來說，一起打拼的員工的下場無外乎以下幾種：擔任沒有實權、無所事事的閒職；自己創業另立山頭；架空老闆取而代之；被老闆清理出局。從現實經驗來看，歡樂結局較少，以悲劇告終者比比皆是。

那麼，我們該如何打破這一人性魔咒呢？張良的師傅黃石公，相傳著有《素書》（又稱《黃石公兵法》），其中有一項「推恩施惠」的主張，很值得現代人參考。所謂「推恩施惠」，即有功勞的時候，要懂得將功勞推給上司；有利益的時候，要懂得將實惠分給下屬。

如果你能做到「推恩施惠」這四字真言，不僅可避免功高蓋主的定時炸彈，而且能夠讓自己在團體中成為一名卓越的領軍人物，因為你抓住了為人處世中最核心的要點。可以說，這四字真言是千百年來祕而不宣的玄機。有很多聰明人，就是因為不明白這一點，最後糊裡糊塗地掉了腦袋。也有很多看起來很傻的人，因為明白了這一點，從而在人世間如魚得水、左右逢源，最終成就自己的事業和一世的美名。

Chapter

2

風光時的朋友是鐵，落難時的朋友是鑽石

每個人都喜歡攀龍附鳳，即使是世界上你最愛或最愛你的人，也不例外！

春風得意時，人人都想跟你交朋友。落難時，昔日好友呼啦啦跑掉大半，一下子就跟你劃開了界限！

攀龍附鳳是人的天性

原文

饑則附，飽則揚；燠則趨，寒則棄。人情通患也。

譯文

饑餓窮困時攀附投靠別人，吃飽了就遠走高飛；看到別人富貴有錢、炙手可熱就趨前巴結，看到別人寒涼敗落就會無情地鄙棄。這是一般人都有的通病啊！

有人說，窮人沒有親戚，「親戚」這個詞就是專用於富人的。還有一句話說得一針見血：「窮在鬧市無人問，富在深山有遠親。」的確如此，當你春風得意之時，人人都想跟你交朋友，在眾人眼中，你的缺點也很可愛。當你落難遇險之時，昔日的親朋好友呼啦啦跑掉大半，一下子跟你徹底劃開界限，即使優點也變得一文不值。這時你才發現，在風光時巴結你的，幾乎全是唯利是圖的小人。困難時留在你身邊的，才真正拿你當朋友。

元末明初富商沈萬三，原籍吳興南潯（今浙江湖州）。小時候特別窮，連一件完整的衣服都穿不起，全身上下都是補丁，走起路來不是後面露屁股，就是鞋子前面露腳趾。街上討飯賣唱的都不搭理他，在他面前都感覺特有尊嚴，用嘲笑的口吻叫他「光屁股」。

有一次，他實在餓極了，看見鎮上一個店老闆的兒子正坐在店門外吃甜糕，就笑呵呵地問：「兄弟，能不能給我吃兩口，我實在餓壞了。將來我一定會加倍還給你！」店老闆的兒子斜他一眼，說了一個字：「滾！」然後放狗咬他，追得沈萬三滿街跑，在人們的哄笑聲中飛快地逃走。

後來，沈萬三在外打拼，混出了名堂。他是聞名全國的大富豪，富可敵國，連皇帝都知道他的名字。他出資幫助朱元璋營建首都南京，而且出資建了明城牆正陽門、三山門、通濟門和聚寶門等處。當年那些不理他的人，現在都想跟他攀上關係，他家宅子的大門都快被擠破了。人們不惜重金賄賂看大門的家丁，都希望能見他一面。

可沈萬三是怎樣做的呢？他在街上擺了上百桌酒席，宴請當年和自己一樣貧苦的鄉親，讓大家都來吃個飽。一貧如洗、沒米下鍋的人，吃完飯還能分到五斤糧食加二十文錢。這時眾人都豎起大拇指，誇讚他是全天下最有魅力的好心人！

如果你成功了，一定有人巴結你、討好你；但你可千萬別失敗，一旦失敗大家一定會像避瘟疫一樣避開你。每個人都喜歡接近成功的人、走運的人，而避開失敗的人、倒楣的人。即使是世界上你最愛或最愛你的人，也無一例外。

這是世之通病、人之常情，符合人性趨利避害的特點。從古到今，人人都喜歡跟有錢人交往，不願跟窮人做朋友，因為前者有便宜可占，後者沒油水可撈。《菜根譚》中說：「炎涼之態，富貴更甚於貧賤；妒忌之心，骨肉尤狠於外人。此處若不當以冷腸，禦以平氣，鮮不日坐煩惱障中矣。」人情的冷暖、世態的炎涼，富貴之家比貧苦人家更顯得明顯；嫉妒猜疑的心理，在至親骨肉之間比外人表現得更為厲害。在這種情況下，如果不能用冷靜的心態來看待，那就會天天處在煩惱的魔障中了。

從全新角度來看，其實嫌貧愛富的人性推動著社會發展。如果人人喜歡貧窮、崇尚落後，那麼還有誰願意從事體力勞動？還有誰願意進行腦力創造？哪兒來得吃的、穿的、用的和住的？哪兒來得新生活？這樣，社會就會停滯不前，甚至倒退。

窮人大都喜歡說「人窮志不窮」這句話。他們認為只有貧窮才能使人更虔誠，信仰只有在貧窮中才有最完美的表現，這種想法是錯誤的。害怕有錢就變壞，而不敢去掙錢，這是無能的表現。當你沒錢時，可以罵金錢是糞土；當你急需用錢時，才發現自己是糞土。如果因為害怕老鼠，就說不能打老鼠，那是膽小、懦弱的表現。

在人類攀龍附鳳的本性下，是否還有真正不摻雜任何功利的朋友存在？答案無疑是肯定的。時間能考驗人與人之間的真情，正所謂「路遙知馬力，日久見人心」。當你失去往日的財富權勢，突然從高位跌到低處時，你們之間的友情還在不在？還真不真？是不是因為你對他沒有任何利用價值，他就不理你了？這個時候，你就能準確地判斷出誰是廢銅爛鐵，誰是你人生中真正的鑽石。

對於人的本性，我們沒什麼可抱怨的。凡存在的都是合理的，更何況是這種千年不變的人性呢？在市場經濟條件下，人和人之間的關係是服務與被服務的關係，不是好人與壞人的關係。我們不應為此憤慨和不平。在現實人生中，我們除了挑選真正的鑽石級朋友外，更應該全心拚搏，奮力改變自己的命運。

人脈真相：資源多的人喜歡另一個資源多的人

原文

曲意而使人喜，不若直躬而使人忌；無善而致人譽，不若無惡而致人毀。

譯文

委屈自己的心意千方百計討好權勢人物的歡喜，乞求他們的恩賜，不如保持正直，並積極提高自我能力，拓展自我資源，打造自我價值，讓別人去嫉妒；沒有值得稱道的善行卻讓人讚頌，還不如沒有惡行劣跡卻遭受小人的譭謗。

小米家裡很有錢，所以在幼稚園玩伴中，他的玩具是最多的。然而，大家一塊玩的時候，他是最不開心的。我很好奇地問：「你有那麼多的玩具，為什麼還不開心呢？」小米說：「正因為我的玩具最多，所以常常有人搶我的來玩，可是他們卻沒有什麼玩具給我玩。」我繼續問道：「在同學當中，你覺得誰是你真正的朋友呢？」小米回答：「只有一個，他叫小雲。」「為什麼跟他關係最好？」「只有他從不搶我的玩具，每次都是跟我交換。」

從幼稚園開始，我們就開始有自己的一套選擇朋友的原則了——都想跟比我們玩具多的人交往。換個說法，就是「攀龍附鳳」。我們攀的是什麼龍，附的又是什麼鳳呢？

說白了，是那些資源多的人。

然而，那些資源多的人又是怎麼想的呢？好了，現在讓我們回到開頭的小故事。一個玩具多的小孩，會把一個經常跟他交換玩具的小孩當作真正的朋友。我們成人世界又何嘗不是如此？資源多的人，更願意跟資源同樣多的人交朋友；而那些只會索取的人，總是會讓我們心裡不舒服——這就像幼稚園小米說「他們常來搶我的玩具」一樣的道理，世界上又有誰喜歡自己的東西老被「搶」呢？

所以，當你開始擴展自己的人脈關係之前，請先冷靜地問問自己——我對別人有利用價值嗎？在別人眼中，我是給予者，還是索取者？這兩種不同的定位，決定了你受歡迎的程度，你是人見人愛的天使，還是人人喊打的過街老鼠？

不管處於什麼身份和階層，每個人都渴望找到對自己來說有利用價值的朋友。可以說，你所擁有的資源越豐富，身上可供利用的地方越多，越能證明你有價值。而當你越有價值，就越容易建立自己強大的人脈關係網絡——在某種程度上說，這就是人脈的真相。

曾經有人認為，保羅・艾倫是一位「一不留神成了億萬富翁」的人。其實，這是一種誤解，真正的原因是因為他年輕時就與比爾・蓋茲在一起，他們志趣相投，一起合夥幹事業。當初他們將一家名為微軟的電腦軟體發展公司在波士頓註冊，總經理為比爾・蓋茲，副總經理為保羅・艾倫。他們最初的一個決定，奠定了微軟發展的基礎。

如今，微軟公司已是世界上的一個巨無霸，比爾・蓋茲已成為人所共知的世界首富。保羅・艾倫在比爾・蓋茲的巨大光環下，雖然有些暗淡，但在《富比世》富豪榜上也名列前一百位，個人資產達兩百多億美元。也許，在世人眼裡，保羅・艾倫當初是被蓋茲利用了，但如果沒有這種利用，他未必能夠像今天這樣有錢。

「利用」這個詞，聽起來讓人很不舒服，好像這個詞過於世俗和功利了。關於這個詞，我們需要脫離其表層意思來理解。比如我們在公司工作，其實便是一種利用關係。因為我們身上有可利用的價值，像知識、技術、聰明的頭腦、靈活的雙手等，於是就可以通過出賣自身的資源獲得勞動報酬。這是一種交換關係，也是一種利用關係。這種交換也是一種公平交換，你具備的資源越多，所獲得的回報也就越高。

在一個論壇上，我曾經提出一個六度人脈理論，我告訴他們說：「請大家寫下和你相處時間最多的六個人，也是與你關係最親密的六個朋友，然後記下他們每個人的月收入，從他們的收入我就知道你的收入。為什麼？因為你的收入就是這六個人月收入的平均數！」

剛開始，大家都覺得我這是在胡言亂語。他們心想，這怎麼可能呢？但最終經過測驗，基本應驗了這一論點。這實在讓人覺得不可思議。由此可見，一個人所擁有的財富在很大程度上由跟他關係最為親密的六個朋友決定。

為什麼會這樣呢？其中的道理很好理解。因為世人都偏愛公平交換，你擁有多少資源，必然會尋求同樣資源的朋友進行交換。如果你的朋友資源都比較一般，那麼你們之間互惠互利的資源也必然相當有限，經過幾次互利交換之後，你們總體收入水準也就看起來相差無幾了。這就是人際交往中的隱形法則——雖然我們看不見它，但卻無時無刻不在發揮作用。

猶太經典《塔木德》中說：「和狼生活在一起，你只能學會嗥叫；而和那些優秀的人接觸，你就會受到良好的影響，耳濡目染、潛移默化，漸漸也成為一名優秀的人。」這句話可謂人類社會的「金科玉律」，所以如果有可能，我們就要盡可能地與那些資源多的人、優秀的人交往，這樣可以讓我們學到更多東西。

然而，這只是一種一廂情願的理想模式。社會上只有少數才是資源多的人，大部分都是資源一般的人。這個時候，資源多的人對那些蜂擁而來的「朋友們」就會有不同的對待態度。如果前來交往的人擁有同樣多的資源，他會滿心歡喜、引為知己。如果前來拜會的人資源太過一般，那麼他就會不屑一顧，表現得十分不樂意。

這個道理很容易理解，並不是你主動跟優秀的人交往，別人就會接受你。假設你幾乎認識世界上所有重要人物，比如比爾・蓋茲，這個時候你的人脈夠厲害吧？但如果你這個時候的身份只是一個乞丐，你想會出現什麼情況呢？這就是說，雖然你認識一流人物，但他們並不會特別理睬你。

這就是現實的殘酷之處。換句話說，你認得優秀的成功人士容易，但要利用到人家手裡的資源可就難了！一個資源多的人喜歡與另一個資源數量、品質對等的人進行交換。唯有在這種情況下，公平交易才能實現。如果我們的資源不夠多、不夠好，充其量也就是一個「索取方」，完全成為對方的負擔。如果你想與那些資源多的人交往，並且希望跟他們之間的友誼穩定持久，那麼請先豐富你的資源。當你擁有的資源與他們大致對等時，他們就會非常樂意跟你打交道。

請牢牢記住這一點吧！別總是妄想一個資源多的人無償為你服務，只有當你的資源與之相當，對方才會真正把你當做朋友！

看穿君子和小人：寧得罪十個君子，不得罪一個小人

原文

休與小人仇讎，小人自有對頭；休向君子諂媚，君子原無私惠。

譯文

不要跟行為惡劣的小人結仇，因為小人自然有人和他為敵；不要對有品德修養的君子以不正當手段獻殷勤，因為君子為人處世不會為了私情而給人特別恩惠。

在這個世界上，庸碌小人並沒什麼真才實學，卻憑著能把鹹魚說得游水、讓死人開口說話的本領，從而博得春風得意、前途無量。自古以來，會做事的不如會做人的，四處碰壁、歷盡坎坷的必定是不懂人情世故的君子，飛黃騰達的則多是左右逢源的人情世故老手。

這是一個魚龍混雜的社會，什麼人都有，君子、小人、真小人、偽君子混在一起，讓我們難辨真假。記得在我工作以後，父親經常在電話裡告誡我不要得罪小人。明槍易

躲，暗箭難防。只有不得罪小人，不讓小人抓住把柄，才不會在陰溝裡翻船。關於小人，古人傳下來一句話，以告誡後人——寧得罪君子，不得罪小人。後人在這句話上添油加醋，又成了另一句話——寧得罪十個君子，不得罪一個小人。可見，無論是古人還是今人，都吃過小人太多的苦頭，所以才會異口同聲說得如此痛切。

為什麼說「寧得罪十個君子，不得罪一個小人」呢？這是因為君子習慣反省自己，寬宏大度，不和你計較；小人卻會長久忌恨你，絕不會饒了你。君子一言不合拍案而起，小人卻善於背後報復。得罪了君子，我們還知道因何得罪，如何補救。如果得罪了小人，則會讓我們如墜五里雲霧，哪天遭害了也想不起是誰害的。有時候，得罪了一個君子，反倒結識了一位朋友，君子只認理、不記仇，事情過了以後便雲淡風輕。而得罪了一個小人，便多了一個敵人，從此你將一刻也不得安寧。

與君子相遇，足夠幸運。君子謙恭、忍讓，通常對你的所作所為一笑置之，甚至會給你真誠的意見和建議。如果與小人相撞，就非常不幸了。他們造謠生事，挑撥離間，有仇必報，拍馬屁奉承，落井下石，往往帶著偽善的面具。他們是善於製造陷阱的工廠，在一舉手一投足之間，就能讓你寢食難安。

然而，我們最需警惕的，倒還不是真小人，而是偽君子。為什麼這麼說呢？《菜根譚》

中說：「君子而詐善，無異小人之肆惡；君子而改節，不及小人之自新。」意思是說，一個偽裝心地善良的正人君子，和無惡不作的小人並沒什麼區別；一個正人君子如果改變自己的操守和名節，他的品德還不如一個毅然痛改前非而重新做人的小人。這個世界上處處可見偽君子，偽君子往往隱藏最深，他們要嘛沉默寡言，以胸有城府的形象出現，要嘛就是假裝熱情真誠，好像跟你是世界上最好的朋友，為了你可以兩肋插刀、萬死不辭。殊不知，這正是最欺騙你的地方。我們一定要保持警惕，千萬別被人賣了還幫著數鈔票。

在金庸小說《笑傲江湖》中，偽君子岳不群的形象一定讓你印象深刻。岳不群行走江湖二十多年，處處行為周正、為人坦蕩，博得了「君子劍」的美譽。但是隨著劇情的發展，他偽君子的一面逐漸暴露出來：打著救人危難的旗號，將林平之收歸門徒，默認甚至促成女兒與林平之的婚姻，目的卻是為了得到《辟邪劍譜》（又名《葵花寶典》），最後竟置女兒的終身幸福於不顧，將林平之置於死地；對結髮之妻巧言令色、百般矇騙，可謂費盡心機。到後來，岳不群「君子劍」的形象轟然坍塌，徹底露出偽君子的嘴臉。

像岳不群這樣的虛偽之人，時時裝出一副正人君子的模樣，其實真實的內心和外在表現有著巨大的反差。某種程度上講，偽君子比真小人更高一級。真小人是低級的無賴，偽君子則是高級的小人！跟這樣的人打交道，遠不如跟那些痛改前非的「真小人」做朋友。

劉志浩是一家公司的策劃總監。有一次，他在上司那裡受了莫名其妙的批評，心裡覺得冤屈，就跟自己的同事黃明揚倒起了苦水。黃明揚善解人意，一邊對他表示理解，一邊痛陳這位上司的斑斑劣跡，說得志浩心裡暖洋洋的，於是兩人熱乎得就像一對親兄弟。

幾天後，劉志浩剛進公司就被上司叫去，宣佈免去他策劃總監的職務，改由黃明揚擔任。劉志浩實在接受不了這樣的決定，就懊惱地離職了！後來才知道，原來黃明揚在背後偷偷告了他一狀，把他們那天的談話添油加醋告訴了上司。這位上司又恰巧喜歡偏聽偏信，於是就決定讓黃明揚取代他在公司的位置。

黃明揚是一個標準的偽君子，表面上跟人打得火熱，好像可以「拋頭顱灑熱血」，但突然就會背後一刀，讓你死得非常難看。這說明偽君子比真小人更可怕。真小人容易分辨，他們或不講道理，或刁鑽潑辣、蠻橫粗暴，赤裸裸的卑鄙無恥，讓我們未見其人，先聞其味，有足夠的時間事先提防。偽君子就不同了，掛著正派的面具，說話做事挺有「道理」，讓你難辨真假，極容易上當受騙。

所以，我們在交朋友的時候，以下這幾種人需要提高警惕，對其千萬不可掉以輕心。

一、陰險的人

陰險的人沒有明顯的標誌，短時間內不容易辨別，但隨著時間的推移，終究會露出蛛絲馬跡。陰險之人的表現大體有以下幾個特點：

- 喜歡造謠生事。他們把造謠生事當成家常便飯一樣，樂此不疲。為了達到自己的目的，不惜誹謗別人，詆毀別人的名譽。
- 喜歡挑撥離間。他們為了達到謀取個人利益的目的，通常會使用離間法挑撥朋友之間的感情，好從中坐收漁利。
- 擅長拍馬屁奉承。這種人嘴甜如蜜，善於恭維別人、拍馬屁，無中生有說別人的壞話。
- 具有勢利眼病。他們對有權有勢的人關懷備至，一旦發現自己所依附的靠山調離或出現問題，就會落井下石，迅速拋棄對方，另尋高枝。

二、吹牛的人

社會上有不少虛榮心強的人喜歡吹牛，妄圖透過吹牛拉抬自己。吹牛的人是虛偽的，因為吹牛等同於謊言，而謊言很容易被人戳破。如今的社會，弄虛作假是長久不了的，最終還是需要真本領。

面對吹牛的人，如果不得不和他打交道，那就贊同他，並且表示對他的欣賞。比如在他的朋友面前稱讚他，可以當著他的面說，也可以當他不在時說。或者少說話，就靜靜聽，適時地點頭應聲。如果並不是非要和他交往，那麼就儘量少接觸。

三、嫉妒心強的人

在生活中，那些對別人的榮耀和成功過於在乎的人，都可能會產生嫉妒心理。在這種心理驅使下，犯下滔天大罪都有可能。忠告那些嫉妒心強的人——「臨淵羨魚，不如退而結網」，只有擺正心態，勇於奮鬥，才能擁有屬於自己的榮譽和成功！

四、不孝的人

俗語說：「百善孝為先。」如果一個人連自己的父母都不愛，那他對待朋友的態度也一定不會好到哪去。儘管現代社會人們生活壓力越來越大，競爭越來越烈，但是父母親情總不能用金錢來衡量吧。

面對那些不孝而不知恥的人，我們要牢記「不孝父母，不堪為友」這句話。因為連自己父母都不孝順的人，你別指望他會對你付出真情，即使目前對你不錯，那也是因為有他想要的利益存在，遲早有一天，他的行為會讓你痛悔今日之交！

不要瞧不起看似很俗的人，他們或許才是最不俗的人

原文

醲肥辛甘非真味，真味只是淡；神奇卓異非至人，至人只是常。

譯文

美酒佳餚和大魚大肉並非真正的美味，真正的美味只是粗茶淡飯；標新立異、超凡脫俗的人，算不上世間真正的聰明人，真正的聰明人，可能就是那些看起來很俗的人。

我曾看到這樣一句話：「永遠不要瞧不起那些現在看起來很俗的人，若干年後他們或許就是最不俗的人！」也許，現在的你處於一個優越的位置，很多人都不如你，在你眼中，他們是那樣俗不可耐、平庸之極！但請你收斂起清高孤傲的心，因為若干年後，你或許會發現一切都改變了，那些看起來很「俗」的人個個都成了了不起的人物，而自己則很可能仍在原地踏步。當年你愛理不理，如今你高攀不起。這絕對是心理上的一種強烈刺激。

在古代，那些隱居山林的智者大多都具有經天緯地之才，並且大都有怪癖，其中之一就是清高孤傲、曲高和寡，只和自己相知的人來往，對其他人更是不屑一顧。《三國演義》中，劉備三顧茅廬才和有臥龍之稱的諸葛亮見上一面，古人的清高孤傲在這裡表現得淋漓盡致。另外，詩人陶淵明曾用菊花標榜自己的清高孤傲，並隱居田園，不與官宦同流合污。

不過到了現代，隱者的清高早被打擊得七零八落了，因為在當今社會，想找幾個有能力甚至在某方面是天才的人根本不費什麼事。當大家都是能人的時候，就不要奢求自己還能清高孤傲起來。所以，如果你是一個才華橫溢的人，就不要以自己那點微不足道的「本錢」清高自傲，充當超凡脫俗的隱士了，因為這可能正是你失敗的關鍵。

從小學到大學，陳佳一直都是「別人家的孩子」，是人人羨慕的對象。他不僅相貌長得英俊，而且成績優秀，甚至在文藝、體育上也能捧回幾個大獎。

畢業後，陳佳應聘到一家跨國企業做總經理助理。第一天上班，陳佳發現助理並不只有他一個人，還有另外一個。從總經理介紹來看，這個人絕不遜色於自己。雖然有兩個助理，但並不意味著陳佳的工作就會輕鬆。帶著競爭的「壓力」，陳佳開始了職場生涯。

一次會議結束後，總經理對兩個助理說：「最近和外商有一個談判，你們之中有個人要和我一起去，但是我現在還不能決定誰可以勝任，所以現在進行一個小型的資格考核。題目是，在一週內瞭解這幾個人的性格和家庭情況。我會把你們安排在兩個不同的部門之中，前提是你們不能洩露自己是總經理助理，並且不能向你已經瞭解的人打聽。」

很快，陳佳被安排到市場部，另一個人被安排到財政部。一向自信的陳佳被這個題目難倒了。因為他始終找不到一個叫林雲的人，更無法去瞭解他了。一週的考核時間很快結束了。總經理看完兩個人的調查結果，吃驚地問陳佳：「你怎麼沒有找到林雲？」陳佳一時無語。總經理說：「他就是我們公司門口的保全啊！你幾乎每天都能看見他的。這次考核的主要目的是考查你們的交際能力和資訊搜集能力，所以你落選了。」聞聽此言，陳佳十分懊惱。

為什麼陳佳沒有找到這個叫林雲的人？因為他根本沒有料到一個公司的保全竟然和許多公司經理級人士一起排列在名單之上。而沒有想到的根本原因，是陳佳骨子裡存在那點不合時宜的「清高孤傲」。於是，陳佳開始審視自己的性格。他打電話問朋友：「我到底是什麼樣的人？」得到的結果幾乎一致：「有點清高。」這時，陳佳才意識到問題的嚴重性，接下來他開始嘗試著讓自己別自命不凡。之後，他發現原來自己的眼界是多麼狹隘！

我們不是仙佛，每個人都是肉體凡胎，沒有誰比誰高雅多少，每個人都是俗人。生活在滾滾紅塵之中，即使是神仙下凡也要吃喝拉撒，同樣無法躲開世俗的追擊！說到底，我們都是常人，即使身居高位，即使擁有萬貫家財，即使聲名遠揚，即使眾人仰慕……我們都應該始終牢記，自己本來就是一個世俗之人，沒什麼了不起。

世界上幾乎所有具備完美人格和高尚品德的人，都是在不動聲色中實現著自己的理想。一代思想大師孟子，擁有無窮的智慧。儘管如此，他仍是平凡依舊，看起來跟一個老農沒什麼區別。一次，齊國的一個人與孟子相遇，問孟子說：「大王總打發人去探視先生，想必您一定有什麼與別人不同的地方吧？想不到也很普通嘛。」孟子回答說：「我能有什麼與別人不同的地方呢？即使堯舜禹也同一般人一樣啊！」

每個人都是大同小異，我們沒必要把自己搞得過於鶴立雞群、清高孤傲，這樣做的後果只有被世人孤立，從而沒有朋友，真正變成孤家寡人。那麼，我們應該怎麼做呢？真正的做法是「和光同塵」，既和世俗打成一片，又要做到不被世俗淹沒，不隨波逐流。

關於這一點，《菜根譚》中說：「處世不宜與俗同，亦不宜與俗異，作事不宜令人厭，亦不宜令人喜。」意思就是，人生在世的一切言行，既不能跟一般人同流合污做壞事，也不要自命清高、標新立異，故意與眾不同；尤其是做事時既不可處處惹人討厭，也不可以凡事都曲意奉承，博取他人的歡心。從外在看上去，我們要讓自己表現得與一個常人無異，哪怕身懷絕技以及興趣愛好都很突出，也要做出一副混混沌沌的俗人模樣，正所謂「和氣浮於面，銳氣藏於胸」。如果你能達到這種境界，就真正稱得上悟透世間三昧的聰明人。

從今天開始，千萬不要因自己的那點優點而對人「另眼相待」，否則你將淪為孤家寡人，被排斥在眾人之外。長此以往，你的朋友恐怕不多，社交也會出現溝通障礙，你所經營的各項事業自然隨之進展緩慢。因此，我們一定要清醒地認識到——我跟人一樣，人跟我一樣，聖人和我並沒什麼不同。一個人只有在平凡中保持純真本性，才能顯出卓越本色。

記住別人的好，忘記別人的壞

原文

我有功於人不可念，而過則不可不念；人有恩於我不可忘，而怨則不可不忘。

譯文

我們給別人的恩惠和幫助，不要掛在嘴上念念不忘。而自己對不起別人的地方，一定要牢記在心、時時反省。別人對我們的恩惠和幫助，千萬不可忘記；而別人對不起我們的事情，則不可不忘，對此要有一顆體諒之心。

有一個小男孩，由於意外，五歲那年失去父母，從此淪為孤兒。

他先後被三戶人家收養，最終又被三戶人家拋棄。

第一戶人家收養了他三年。他那年五歲，到八歲時，這戶人家因有了自己的兒子，就不再願意養他，於是把他送給別人。當時他不肯走，被養父母打得渾身是傷。實在忍不過了，痛不過了，才斷了回去的念頭。

接下來，第二戶人家收養了他，一直到他十三歲，共五年的時光。十三歲那年，是他痛苦的日子，因為養父母又收養了親戚家的兒子，他們認為畢竟有血緣關係，好過他這個外人。他哭喊著叫爸爸媽媽，哀求著不肯離開。最終，他還是無情地被趕走，流浪在大街小巷。

後來，他到了第三戶人家。這是一戶生活艱難的人家，他們只養了他一年，就將他趕出家門，理由竟然是沒有多餘的錢供他上學。

這個時候，他已經沒有了眼淚，也不再哀求，因為習慣了拋棄。如何生存？這是一個問題。他學會了在垃圾桶裡掏剩飯，賣花給情侶，幫人擦皮鞋，幫人提行李，為商店派發廣告單等。晚上困了，他就睡在商店門口，清早被商店老闆踢醒後繼續謀生。

在外流浪六年後，他加入一個建築隊。從最底層的泥水工做起，他不僅工作踏實認真，而且將所賺工資花在培訓課程上，還報考夜校，獲得了自考文憑。二十二歲那年，他進入一家不錯的集團公司做業務。靠著努力，他的業績是最棒的，順理成章被提拔為經理。再後來，他創業開了自己的公司，有了錢、車、房、美貌的妻和可愛的一對兒女。

可以說，他什麼都不缺了，人生也沒有什麼遺憾了。但是不，他感覺內心深處最缺的是父母的親情。這個時候，身為上層社會的他，專門購置一套別墅，將曾經收養他的三對養父母都接到城裡同住。他謙恭地喊他們爸爸媽媽，任何好吃、好玩的都給他們享用。

曾經與他一起流浪過的朋友，如今是他的助理。助理說：「你這樣做，真是瘋了！想想他們當年是怎麼對待你的，你竟然還為他們養老送終?!曾經打罵你、虐待你、狠心拋棄你的事情，難道你都忘光了嗎？」

他說：「是的，我都忘光了。我的苦難已經夠多了，為什麼還要記住這些苦難的事呢？我的心裡只記得，當年如果沒有他們給我一口飯吃，給我睡覺的地方，我早就被餓死凍死了，哪能活到今天，更談不上混到今天這一地步了！」

一般來說，在如此環境長大的孩子，通常有兩種人生走向：一種心理嚴重失衡，對世界和別人充滿仇恨，長大後淪為罪犯，報復社會；另一種則由於看盡世態炎涼，以超強的心理素質化解人生苦難，並最終闖出自己的一片新天地。他們或許沒有上過幾天學，但在社會上早把人情世故這本無字天書讀得滾瓜爛熟。他們在「社會大學」的學歷早已是博士後級別！像這樣的人，一旦出手亮劍，就意味著無往而不勝！就這樣，他們從一無所有到腰纏萬貫，從窮困潦倒到飛黃騰達。他們透過自己的努力與這個世界達成了和解，不僅懂得如何操縱人與人之間交往的複雜遊戲，更懂得寬恕和感恩的深刻含義！在某種意義上說，第二種人不僅是名副其實的成功者，更是一位智者。

一個人的境界高低決定了其成就的高低。如果只記住別人的壞，而全部忘記別人的好，那麼必定是一個心胸狹窄的人。這樣的人錙銖必較、格局太小，做什麼事情都放不開，最終必定一事無成。

某家公司曾招聘過一名大學生帥哥，此人相貌出眾、一表人才。初次跟他見面的人，都覺得這人很不錯。但是相處久了，才發現他是一個斤斤計較、心胸狹窄的人。在公司給同事幫了忙，哪怕只是舉手之勞，也要把這個人情討回來，非得找機會讓同事幫他一次不可。誰要是不小心得罪了他，他就會長久地懷恨在心、伺機報復。有次在工作討論會上，有位同事對他的方案提出反對意見，他便把對方視為仇敵，立即展開一場激烈的辯論。

他進入公司不到一年，上司就開始忍無可忍，藉機把他調到鄉下的分公司。臨走的時候，沒有一個人去為他送行。到了這地步，他仍然沒意識到問題出在哪裡，還給每個同事都發了電子郵件，感慨自己懷才不遇，痛陳上司的不是。

你是否也有過同樣的心理？凡是別人得罪自己的地方，總想找機會報復，以取得心理平衡？凡是對方幫過自己的事，卻轉眼就忘了，好像從來沒有這回事兒？像忘恩負義、過河拆橋、恩將仇報等成語，說的就是這些人。我們千萬不要讓自己變成這樣的人！

阿里、吉伯和馬沙一起旅行。三人行至一個山谷時，馬沙失足滑落，幸而吉伯拼命拉他，才將他救起。馬沙就在附近的大石頭上刻下了：「某年某月某日，吉伯救了馬沙一命。」三人繼續走了幾天，來到一條河邊，吉伯與馬沙為了一件小事爭吵起來，吉伯一氣之下打了馬沙一耳光，馬沙就在沙灘上寫下：「某年某月某日，吉伯打了馬沙一耳光。」

當旅遊歸來，阿里好奇地問馬沙為什麼要把吉伯救他的事刻在石頭上，而將吉伯打他的事寫在沙灘上？馬沙回答：「我永遠都感激吉伯救我。至於他打我的事，隨著沙灘上字跡的消失，我會忘得一乾二淨。」

著名詩人薩迪說：「誰想在困厄中得到援助，就應在平日待人以寬。」記住別人對我們的恩惠，洗去我們對別人的怨恨，這樣的人生才會快樂而有意義。我認識一位編劇朋友曾說：「我只記著別人對我的好處，忘記了別人對我的壞處。」因此這位朋友受到大家的歡迎，擁有很多至交。事實上就應該如此——別人給我們的幫助切不可忘，而別人有愧於我們的地方，應該樂於忘記。

樂於忘記其實是一種心理平衡的辦法。要知道，生氣是用別人的過錯來懲罰自己。老是念念不忘別人的「壞處」，最受其害的就是自己的心靈，搞得自己痛苦不堪，何必呢？這種人，輕則自我折磨，重則可能導致瘋狂的報復。樂於忘記是成大事者的一個特徵，既往不咎的人，才可甩掉沉重的包袱，大踏步前進。樂於忘記，也可理解為「不念舊惡」。人要有點「不念舊惡」的精神，況且在許多情況下，人們誤以為「惡」的未必就真的是「惡」。退一步說，即使是「惡」，對方心存歉意，誠惶誠恐，你不念惡，以禮相待，進而對他格外地親近，也會使為「惡」者感念其誠，改「惡」從善。

在日常生活中，凡是別人幫過你的，一定不要忘記，要懂得報恩。而如果你幫助過別人，就不要奢求回報了。如果你刻意要求回報，你先前的這份情感投資就成了注水的豬肉！你最終不會得到任何好處。別人得罪了你，本是一件芝麻大的事，笑一笑就過去了，你卻氣憤難平，好像對方在故意刁難，就會把小火星燒成沖天大火。到那時，你的人際關係會糟糕得不可收拾，大家見了你就繞道，唯恐避之不及！等你遇見困難、摔了跟頭，誰還會幫你？

水至清則無魚，人至察則無徒

原文

地之穢者多生物，水之清者常無魚；故君子當存含垢納污之量，不可持好潔獨行之操。

譯文

污物之地往往滋生眾多生物，極為清澈的水中反而沒有魚兒生長。所以真正有德行的君子應當有接納世俗和容人度量，絕不能自命清高、孤芳自賞。

《漢書》中有句話說：「水至清則無魚，人至察則無徒。」意思就是說，河水太清澈了，魚兒就沒法生存；一個人太苛刻了，就很難交到朋友，沒人敢跟他打交道。凡事都有利弊，從一方面來說，水清本來是個好事，因為混濁的水會讓魚窒息。但水太清了，就不是好事。這需要從食物鏈和生態學角度分析。大魚需要吃小魚，小魚需要吃蝦米，而蝦米需要吃泥土以及藻類植物、浮游生物等。藻類植物和浮游生物的存在，導致水質不會太清。如果水太清了，就沒有藻類植物和浮游生物生存，從而導致處於上級食物鏈的魚沒有食物可吃。

在這個世界上，很多事物都是混沌一團，其中的黑白曲直，誰能一眼辨清？誰能保證自己就代表真理？人與人之間總會存在各種各樣的不同，對方的言行思維不可能跟你一模一樣。畢竟，誰也不是誰肚子裡的蛔蟲。事物多樣性的存在，讓我們的世界更加豐富多彩。我們不能抱著自己的那套標準苛求他人，需要容忍一些不符合自己三觀（世界觀、人生觀、價值觀）的人和事。只有這樣，我們才有大格局，才能擁抱大成功。

美國的賈伯斯和沃茲尼克是蘋果公司的最早創始人，同時還是「蘋果II」微電腦的開發者，他們的一個重要投資人是麥克・馬庫拉。其實，最初光顧賈伯斯和沃茲尼克兩位年輕人的並不是麥克・馬庫拉，而是一個名叫唐・瓦倫丁的人。

當唐・瓦倫丁來到賈伯斯的家中，看見賈伯斯穿著牛仔褲，散著鞋帶，留著披肩長髮，蓄著大鬍子，不管怎樣看都不像是靠譜企業家。於是，唐・瓦倫丁就把這兩位奇怪的年輕人介紹給了另一位風險投資家麥克・馬庫拉先生。

麥克・馬庫拉原來是英特爾公司的市場部經理，對微電腦十分精通。他並沒有被賈伯斯和沃茲尼克的樣子「嚇壞」，而是先考察了賈伯斯和沃茲尼克的「蘋果II」樣機。最後，麥克・馬庫拉問起了「蘋果II」電腦的商業計畫，而賈伯斯和沃茲尼克只精通於技術，對商業買賣一竅不通，所以二人面對麥克・馬庫拉的提問，一下子面面相覷，說不出話來。但麥克・馬庫拉並沒有因此失望，而是決定和這兩位年輕人合作，並出任董事長。

唐・瓦倫丁，因為對賈伯斯和沃茲尼克的外表形象過於求全責備，喪失了一個有可能是他一生中最重要的成功機會。麥克・馬庫拉卻與他相反，沒有對賈伯斯和沃茲尼克求全責備，而是與他們進行了深度的接觸瞭解，所以他成功了，抓住了人生中最重要的機會。

我們總會遇到各種各樣的人，有很多肯定和我們不是同路人，無論是志趣還是性格都與我們不合，甚至格格不入。但這些都不要緊，要緊的是他對我們的事業發展是不是有用。在這個時候，苛求完美不是一種正確態度。

三觀不同，不必強融。不要委屈自己迎合別人，也不要強迫別人一定要跟自己相同，須知「方便有多門，根機有多種」；不必強求人人都順從自己的意思，眼耳鼻舌各司其職，才能成為健全的有用之人。有了鐵路，再建一條公路，甚至再加條高速公路，分工合作，才能發揮更高效的功能。有人說，我們每個人都是被上帝咬了一口的蘋果，帶有各種各樣的殘缺，都有這樣那樣不如意的地方。確實如此，我們必須接受人生不完美這個事實。如果過於完美，對人吹毛求疵，那麼一定會嚴重影響你的人際關係，就會沒有一個人敢跟你交朋友，你也將因此錯過擁抱成功和幸福的機會。

有這樣一個故事，希望能對大家有所啟發——

古代有位禪師，一日晚上在禪院裡散步，突見牆角邊有一張椅子，他一看便知有位出家人違犯寺規越牆出去溜達了。老禪師也不聲張，走到牆邊，移開椅子，就地而蹲。過了一會，果真有一小和尚翻牆，黑暗中踩著老禪師的背脊跳進了院子。

當他雙腳著地時，才發覺剛才踏的不是椅子，而是自己的師父。小和尚頓時驚慌失措，張口結舌。但出乎小和尚意料的是，師父並沒有厲聲責備他，只是以平靜的語調說：「夜深天涼，快去多穿一件衣服。」

你的包容心有多大，你的成就會有多大。一個人的心能包容一個家庭，就能成為一家之主；能包容一個城市，就能成為一市之長；能包容一個國家，就能成為一國領袖。在現實世界中，幾乎每個成功人士都有容人的雅量，從而交到各個層面的朋友。當他遇到麻煩時，到處都有人主動幫忙，從來不會陷入孤立無援的境地。

這就告訴我們：朋友的缺點，你要寬容；伴侶的缺陷，你要容忍；同事工作能力低下，你要有一顆激勵之心。要知道，世間並無絕對的真理，沒什麼東西一定就是對，或者一定就是錯。所謂的對錯，只不過因為立場不同、角度不同，得出的觀點也就有所區別罷了。我們眼中看到的缺點或不可理解的事情，站在對方的立場看，很可能就是理所當然的。朋友對你說了謊，應先思量他是不是有什麼為難之處？或許就能體諒他了。若是不加思考就把醜話說出口，朋友想必是做不成了。對你，對他，都沒好處。

芸芸眾生，性格各異，你不可能喜歡每一個人，也無法讓所有人喜歡。這個時候怎麼辦呢？《菜根譚》中說：「持身不可太皎潔，一切污辱垢穢要茹納得；處世不可太分明，一切賢愚好醜要包容得。」意思就是，做人不能太清高，各種污辱垢穢都要有胸懷來容納；與人相處也不可太分明，善惡賢愚之人都要能包容。在現實生活中，很多人對自己不喜歡的人嗤之以鼻或敬而遠之，這種做法其實是過於偏頗的行為，勢必對你的人際關係和事業發展造成不利的影響。由此可見，「眾人皆醉我獨醒」的想法要不得，真正的聰明人深諳「清濁並包，善惡相容」的道理，這才是王者之道。

如果你想獲得更多的朋友，就不要過於苛求完美，以下幾點需要注意。

一、對朋友生活、工作中的習慣要給予尊重。

每個人都有自己獨特的思維方式、家庭背景，而在此基礎上形成的習慣也不可能與你相同，所以，尊重別人的習慣應當是最起碼的要求。

二、不念人惡。

就是說不要對朋友過去的錯誤耿耿於懷。朋友之間的矛盾，總會隨時間的流逝而消解，抓住過去的恩怨不放是不明智的。忘記以前的不愉快，以後還會是朋友。

三、不責人過。

就是不要責難對方犯下的小錯誤。《菜根譚》中說：「攻人之惡毋太嚴，要思其堪受。」這句古語告誡我們，攻擊別人的錯誤不可太嚴厲，一定要考慮對方的承受能力，否則雖然洩了一時之憤，但也破壞了人際關係。

嚴於律己，寬以待人

原文

人之過誤宜恕，而在己則不可恕；己之困辱宜忍，而在人則不可忍。

譯文

對於別人的過失和錯誤應該採取寬恕的態度，而如果錯誤在自己那麼就不能寬恕；對於自己遇到的困境和屈辱應當儘量忍受，如果困境和屈辱在別人身上就不能袖手旁觀，忍心不顧。

某位著名的ＩＴ經理，在總結自己的成功經驗時說：「在我看來，人生其實很簡單，歸根結底就是八個字，『嚴於律己，寬以待人』。如果能做到這一點，許多事情就能豁然開朗！」這位經理所說的，正是《菜根譚》所推崇的處世之道——待人要寬，律己要嚴。

待人為什麼要寬？為的是給人一個改過自新的機會。律己為何要嚴？因為不嚴會放鬆自我約束，讓小錯誤發展成大錯誤。這是一種待人之道的規範，也是為人處世最重要的原則。它的核心是強調自悟，對事物的標準，要有一個超然的體悟，對是非的判斷，要有一個盡可能客觀公正的把握。一個具備這種高貴品格的人，他的成功將是水到渠成的。

明王朝的建立，大將軍徐達功不可沒。兒時與朱元璋一起放牛，長大後一起打仗。有勇有謀，深得朱元璋的喜愛。但是，就是這樣一位戰功赫赫的人，卻從不居功自傲，而是律己甚嚴。

在戰場上，徐達處處跟士兵同甘共苦。遇到軍糧不濟，士兵填不飽肚子，他主動少飲少食，把口糧節省下來分給他們；大軍還沒紮好營寨的時候，他從不提前進帳休息，一定會等到大家都安頓好了，他才放下心來；士卒傷殘有病，他親自慰問，端藥治療；如遇士兵犧牲，他會更加重視，籌集棺木葬之。所以，明軍將士對他無不既感激又尊敬。

在生活方面，他也無聲色酒財之好。據《明史．徐達傳》記載，朱元璋對他如此讚歎：「受命而出，成功而旋，不矜不伐，婦女無所愛，財寶無所取，中正無疵，昭明乎日月，大將軍一人而已。」朱元璋曾賜給他一塊好地，正處於農民的必經之地。家臣看到有這個好處，於是就用這塊地謀取私利，向農民徵收「過路費」。徐達知道後，馬上將此地上繳官府。

朱元璋用嚴刑重刑，殺了包括功臣在內的十多萬人，可是徐達卻得善終。他病逝於南京之後，朱元璋為之輟朝，悲慟不已，追封他為中山王，並將他的畫像陳列於功臣廟第一位，稱之為「大明第一功臣」。能逃過朱元璋「誅殺功臣」的屠刀，不得不說，這跟徐達「嚴於律己，寬以待人」的處世之道是分不開的。

在現實中，我們往往又是怎樣做的呢？如果你注意觀察，就會發現許多人採取的方式恰好相反，他們把這句話顛倒了一下，變成了「嚴於待人，寬以律己」。對自己很寬鬆，什麼都能做，做了壞事也從不感到羞愧，但對別人卻要求極嚴，犯一點錯誤就看在眼裡，記在心上，有一點小事對不起自己就喋喋不休。

很多人奉行這樣的雙重標準：「以聖人望人，以常人自待。」意思就是，用聖人的標準要求別人，卻用常人的標準對待自己。像這樣的人，他交不到幾個朋友，做起事情來，也很難跟別人順利合作。因為他不懂得「恕人」，只知道用最苛刻的標準要求別人，用最寬鬆的標準對待自己。這是一種嚴重自私自利的體現。為什麼不想想，你有什麼資格要求別人？又有什麼資格如此放縱自我？

一個這樣的人，往往不能客觀看待問題。一旦境遇不順，就會抱怨別人對他怎麼不好，社會如何不公。受到一點委屈，就會大呼小叫。社會上有不少這樣的人，他們總認為自己懷才不遇，覺得全世界都是敵人，全都對不起他。他們永遠不知道問題出在哪裡，眼睛總是盯在別人身上，從來不肯反思，到頭來吃虧的，肯定還是他自己。長此以往，將沒任何人喜歡他，即使是一個深愛他的人，也終將離他而去。

如果一個人能對自己嚴格要求，凡事身體力行，那就沒有過不去的坎，攻不克的難關！正所謂，你有多自律，人生就有多美好。另一方面，當我們遇到別人陷入困境中，而自己又可以伸手幫助的時候，切不可袖手旁觀、做冷冰冰的無情路人。如果自己確實有能力，就儘量伸手扶一把；沒能力幫，也盡可能分擔對方精神上的痛苦。今天我們能感同身受，給予別人最大的支持，明天當我們落難時，他人就會慷慨解囊，以同樣的真情回報我們。

為人處世的要點就在這裡——以責人之心責己，就會減少很多過失；以恕己之心恕人，就可以維護良好的人際關係。我們不應該總是抱怨別人，如果你總是抱怨別人，就請先想想自己又是怎麼做的？不要只看見別人眼中的刺，而看不見自己眼中的橫木！請

將心比心，對別人多點理解與寬容之心！

Chapter

3

世界上到處都是「聰明」的傻子

一個美麗的女人炫耀自己的美麗時，就開始變得醜陋了；一個聰明人炫耀自己的聰明時，就開始變得愚蠢了。看看孔雀開屏就會明白——孔雀在開屏時，雖然綻放光彩絢爛的羽毛，但同時也露出了最醜陋難看的屁股。

你是真聰明，還是假聰明

原文

涉世淺，點染亦淺；歷事深，機械亦深。故君子與其練達，不若朴魯；與其曲謹，不若疏狂。

譯文

剛踏入社會時，閱歷較淺，沾染不良習慣的機會就比較少；經歷的事兒多了，城府就會越來越深。其實，我們與其過於圓滑，還不如對生活保留樸實的態度；與其事事委曲求全、過於拘謹，倒不如豁達直爽地去做事，依據自我的本性去待人接物！

世界上，到處可見自以為是的聰明人。他們無時無刻不在閃動著炯炯有神的眼睛，精明地算計著什麼。在他們面前，有時候你會感到自己為什麼這樣笨？最終你會有個疑問——這些貌似聰明的人難道真的很聰明嗎？而那些貌似很笨的人是否真的很笨？

真聰明和假聰明混雜在一起，讓人不知道究竟誰是聰明人誰是傻瓜。但是沒關係，一切都可以用事實來證明。你只需要看看最終的結果就明白了：看似很聰明的人每天四處折騰，到最後仍然是一無所獲，而那些看似很笨的人不動聲色卻擁有了一切，人生中的權勢、地位都是水到渠成。他們絕對擁有自己的獨門手段，但他們又深藏不露，從表面上你看不出絲毫蛛絲馬跡。他們彷彿是笨蛋，但事實證明，他們才是真正聰明的人。

不怕不聰明，就怕太聰明。一個人聰明一過頭便會陷入盲目，便會目中無人，便不知天高地厚，這個時候看似很聰明的人其實就已經等於半個傻子了！那只不過比笨蛋多了一分膽量，比傻瓜多了一分虛偽，比白癡多了一些花樣。其實，這種「聰明」並不比笨蛋、傻瓜、白癡強到哪裡去，而是更可憐、更可厭、更可悲。他們的這種心計是一望而知的，他們成了眾人口中的小人，但事實上，他們雖然落了個小人的罵名，最終並沒有得到什麼實惠，依然悲慘狼狽著。

《菜根譚》中有句話說：「聰明人宜斂藏，而反炫耀，是聰明而愚懵其病矣，如何不敗？」意思就是，聰明有才華的人應該斂藏自己的才智，如果到處炫耀張揚，那麼他的言行就跟愚蠢無知的人沒有什麼區別，他的事業哪有不失敗的道理？這是那些自以為是的聰明人一定要牢記的座右銘。

在這個世界上，處處可見小聰明者的身影，大智慧者卻寥寥無幾。小聰明以自我為中心看問題，認為別人都是笨蛋，唯有我最聰明。這種聰明是表面上的，就像漂在水面的一層油，看似光彩亮麗，其實並沒有深入水的內部去。但真正的聰明是什麼呢？是一種大智大勇的謀略和遠見——不動聲色，大智若愚，運籌帷幄，有種水滴石穿的堅韌，有種任你千變萬化，我早已將你看穿的沉穩。這就像一個貌似沒啥了不起的風險投資人，到投資專案的關鍵時刻，一投就是幾個億，而且出手必中。

如果說大智慧是深刻，那麼小聰明則是膚淺；如果說大智慧是戰略，那麼小聰明則是戰術；如果說大智慧看到的是西瓜，那麼小聰明看到的則是芝麻。這是兩種完全不同的格局，一個是一飛幾萬里，一個則是跳躍幾十步；一個是說句話就掀起暴風驟雨，一個則是整天嘰嘰喳喳討人嫌。

真正聰明的人都懂掌握「度」，太聰明了反倒不如不聰明。《呻吟語》中說了一段十分精闢的話：「精明也要十分，只需藏在渾厚裡作用，古今得禍，精明人十居其九，未有渾厚而得禍者。今之人唯恐精明不至，乃所以為愚也。」譯成今天的話就是，精明還是非常需要的，但要在渾厚中悄悄地運用。古往今來得禍的人絕大多數都是精明的人，沒有因渾厚而得禍的。現在的人唯恐不能精明到極點，這正是愚蠢的原因。

真正聰明的人從不炫耀才華，只有蠢材經常賣弄學問

原文

君子之心事，天青日白，不可使人不知；君子之才華，玉韞珠藏，不可使人易知。

譯文

君子的內心像青天白日一般明朗，光明正大，沒有一點不能告人的事。但他的才華卻應該像珠玉一樣藏起來，不可輕易向世人炫耀。

世間往往有這樣一種奇怪的現象——越是有本事的人，往往越低調，看上去好像什麼都不會一樣。而那些經常顯擺自己無所不能的人，到了關鍵時刻就腿軟，其實什麼都做不好。

《道德經》中說的「大智若愚，大巧若拙」，聽起來好像是讓人裝笨裝糊塗，其實不然，其中有著很深刻的為人處世的道理——隱藏自己的聰明，不做挨打的出頭鳥。炫

耀自己的人，從來都是優點打折，而缺點卻暴露無遺。這個道理看看孔雀開屏就全明白了——孔雀在開屏的時候，在炫耀自己絢爛羽毛的時候，往往也露出了最醜陋的屁股。如果你炫耀自己的聰明，你最愚蠢的一面就呈現在眾人面前了。

有一個師父去非洲旅行，他和門徒們來到一家客店過夜。客店的老闆前來請教問題，他說自己有兩個妻子，一個很美，另一個很醜。

「不過，問題是，我愛那個醜的，而討厭那個美的。」老闆說。

師父問：「怎麼回事？」

「那個美的太炫耀她的美了，這使她變得很醜，而另一個意識到自己很醜，變得十分低調、謙虛，這使她變得很美。」

那個美的一直在想自己是美的——她變得驕傲了。當人驕傲的時候，怎麼可能美麗呢？她變得十分自我，自我是不可能讓一個人變成美麗的天鵝。另一個醜的，當她意識自己是醜的，她變得謙遜了，而謙遜有它自己的美。

所以那個老闆說：「我很困惑，我愛那個醜的，而我恨那個美的，請你解決我的困惑。」

師父叫來所有的門徒說：「不要驕傲你是聰明的，否則你就是無知的。如果你認為你是無知的，你就是聰明的。」

幾年以後，這個師父再次造訪這家客店，老闆對他說：「令人困惑的事情又發生了！上次你來我這裡，我向你提過這個問題，你把它解決了。但是，從此以後，一切都改變了。那個醜的變得以她的謙遜為驕傲，變得自以為是，現在我不愛她了。不僅她的身體是醜的，現在她的本質都變醜了。而那個美的，她知道對美麗的驕傲破壞了自己的美麗，慚愧不已，變得謙虛了。現在我開始愛她，不僅她的身體是美麗的，她的本質也變得很美麗了。請你告訴我，這到底是怎麼回事？」

師父說：「請讓我保持沉默，如果我說了什麼，那麼這個故事又會發生一次轉變。所以，保持沉默！」

世情就是這樣奇妙，當一個美麗的女人炫耀自己的美麗時，她就開始變得醜陋！當一個聰明人炫耀自己的聰明時，他就開始變得愚蠢。我們可以繼續延伸——一個本來很有才華的人，當炫耀自己的才華時，才華就開始變得一文不值了！一切都在悄悄地發生變化，其中彷彿有魔鬼在控制一般。我們每個人都逃脫不了這樣的控制，這就是人心的複雜之處。你的態度可以創造一種美麗，也可以毀掉一種美麗。聰明是可以創造和修煉的，而自作聰明也可以變得像糞土一樣廉價和令人生厭。

《菜根譚》中有這樣一段話：「利欲未盡害心，意見乃害心之蟊賊；聲色未必障道，聰明乃障道之藩屏。」意思就是說，名利和欲望未必都會傷害自己的本心，而剛愎自用、自以為是的偏見才是殘害心靈的毒蟲；淫樂美色未必會妨礙人對真理的探求，自作聰明才是修悟道德的最大障礙。在現實中，許多人正是因為急於表現才智，才導致四處碰壁、舉步維艱。

有家公司老闆，帶著三個得力部下去打高爾夫球。前兩個部下先打，都表現得十分差勁，第一位把球打出了只有二十公尺，第二位甚至把球打到了水塘裡。老闆拿起球桿問第三位部下：「你能把球打到八十公尺對面的那座斜坡上嗎？」這位部下毫不猶豫地回答：「當然能！」說罷啪地一桿，球飛出了一道優美的弧線，足足有一百公尺遠，完成得十分出色。他得意洋洋地望著老闆，可是，看到的卻是老闆的一張苦瓜臉。

第三位部下根本不理解老闆的弦外之音。這種場合本來是讓老闆滿足自己虛榮心，展示領導權威的機會，他卻賣弄聰明，還以為能在老闆面前討個頭彩，留下好印象，為今後在公司的發展增加籌碼。不料卻是弄巧成拙。與其說這是聰明有才，倒不如說他傻。

在這種場合，他越賣力表現，就越給自己在公司的前途帶來不利。

在現實生活中，自作聰明的人到處都是，但成功的人卻沒有幾個。他們炫耀自己的才華和聰明，結果卻只落了個顆粒無收的下場，可以說腹內學富五車，但口袋裡卻空空如也。這是否是上天給予世人的一種警告？

說到這裡，你還敢輕視這樣的處世法則嗎？完全不是聳人聽聞，這樣的處世法則決定著一個人的命運。一個深諳其中密碼的人，往往能夠在不知不覺間獲得成功，而不明白其中真相的人，往往一敗塗地又不得要領，直到臨死的那一天，還處於懵懂狀態，不知道自己一生的問題出在哪裡。

千萬不要做這樣的無知者！從今天開始，讓自己真正低調起來，從內心裡謙遜起來，而不是假裝的樣子。要知道，假裝的低調沒用，因為它是一種更加炫耀的姿態。世界上沒有誰是傻瓜，沒有人是看不出來的。我們需要做到真正的不張揚，真正的謙卑和努力。如果你能夠做到這一點，你就能夠慢慢變成一個明智的人，一個有能力改變自己命運的人。

但不張揚並非讓你不作為，而是等待最佳時機，然後一鳴驚人。況且，如果沒有前期大智若愚的鋪墊，一鳴驚人的效果也不會達到，整天忙著表現自己的人，永遠也不會驚人。

聰明在關鍵時刻表現出來，才會有爆發力，才能引起眾人足夠的關注，留下深刻的印象。那些平時聰明過度的人，他的心思全用在如何吸引大家的眼球上，輕浮衝動、沉不住氣，到了緊要關頭，反而拿不出讓人眼睛一亮的東西，於是也就現了原形。

不管是為人處世，還是在工作中，這個道理都是適用的。「立名者，所以為貪」，到處宣揚、生怕別人不知道自己的人，肚子裡裝的其實全是草；到處賣弄小聰明，顯得自己智商很高的人，往往不知自己才是真正的蠢貨。

真是「人不為己，天誅地滅」嗎？——自私自利的底線

原文

世人只緣認得我字太真，故多種種嗜好，種種煩惱。前人云：「不復知有我，安知物為貴？」又云：「知身不是我，煩惱更何侵？」真破的之言也。

譯文

世人只因把自我看得太重，所以才有各種嗜好和煩惱。古人說：「假如不知道有自我的存在，又如何能知道事物的可貴呢？」又說：「既然能明白連身體都不是自己能永遠佔有和控制的，世間還有什麼煩惱能侵害我呢？」這些話真是一語中的，切中要害。

當自身利益和公眾利益、他人利益發生衝突時，我們往往會不由自主地選擇維護自己的利益。在某種程度上說，這正是人類自私本能的充分體現。

世人喜歡用「人不為己，天誅地滅」這句話為自己的自私自利開脫，可又有多少人知道這句話的真實含義呢？在佛家用語中，為是修為的意思。其義就是，人不修為自己，天理難容！而很多人卻解釋成：人不為自己牟私利，那麼天地就會誅殺他。這個意思明顯不通，要知道，老天爺在中國人眼中可是公平的化身，怎會如此糊塗？

中國古人的處世哲學，強調無我無欲，反對突出自我與自私。以現代文明的視角來看，古人宣揚的滅私欲存大義，不允許人有絲毫的自私心，當然有不可取的一面。因為自私是人類的天性之一，沒有自私自利就沒有熱火朝天的幹勁，每個人都會喪失積極性。

但另一方面，如果我們任憑自我意識氾濫，將自私自利做為行事的主要標準，這樣必然被人不恥，在生活中難有朋友，工作中難尋合作者。

退一步來說，即使我們承認自私自利是人的天性，但也要掌握一個度的問題。我們做什麼事都應該要講個「度」，一旦突破這個度，就會物極必反。如果在現實中過於自私，就必遭眾人的一致排斥，這樣的話，不僅私利追不到，反而連自己已有的利益也要原樣吐出來！

自私自利的底線是不建立在別人的痛苦之上，而是以人之常倫的做法去實施，正所謂「己所不欲，勿施於人」。就算是出於個人的私利目的，至少也要以「互惠互利」為前提，只有這樣才能受到世人的支持和推崇。所以，自私自利一定要注意掌控底線，坦坦蕩蕩地去奮鬥，光明正大地打拼自己的一片天地。

在具體的處世中，我們務必堅守以下兩點：

一、自私的底線是不要傷害他人

如果我們的利益建立在別人痛苦的基礎之上，就會被人唾棄和鄙視。某公司的一位經理，為了討好總經理，也不徵求大家的意見，就自作主張地宣佈國慶假期取消，讓部門的所有員工都留在公司加班。這種行為就是為了自己的利益，犧牲他人的正當權益，踩著別人的肩膀往上爬。所以切記，自私的底線必須是維護自我的正當利益，不可傷害他人。

二、自私的容忍度是不要影響團隊合作

「一個和尚挑水喝，兩個和尚抬水喝，三個和尚沒水喝」的故事，相信我們大家都知道。三個人都不想吃虧的自私心理，最終造成了很壞的結果。一個和尚時，他只能自己挑水，所以有水喝；兩個和尚可以一起抬水，誰都不能偷懶，也能喝上水；三個和尚時，都盤算著讓另兩位到山下受累，自己留在廟裡休息，結果就是三個人都不想動屁股。這種自私行為不但讓自己撈不到好處，還會大大損害團隊的利益。所以，無論你多自私，要想獲得長久生存發展的資本，都要有一定的團隊合作意識。

做人就像種田，最後收成才是評定的標準

原文

聲妓晚景從良，一世之煙花無礙；貞婦白頭失守，半生之清苦俱非。語云：

「看人只看後半截。」真名言也。

譯文

歌姬、舞女如果在晚年嫁人做良家婦女，那麼曾經的風塵生涯對後來的正常生活不會有什麼妨礙；一生堅守貞潔的少婦，若在晚年耐不住寂寞而放縱自我，那前半生的清苦也都白費了。所以俗語說：「觀察一個人的節操如何，主要是看他的後半生。」這真是至理名言啊。

我們經常看到一些本來很厲害的成功人士，在壯年時期是炙手可熱的人物，可謂一人之下萬人之上，而且美名遠揚，幾乎沒有一個人不稱讚他的。但是，好不容易熬到快要回家養老的時候，他撐不住了，幹了一樁罪大惡極的壞事，因為這件事落了個名聲掃地，甚至鋃鐺入獄。這樣的人其實是最愚蠢的，本來眼看著都活到人生的最後了，為什麼偏在這節骨眼上憋不住，拉泡屎搞臭自己的一生？

一個人的名聲怎麼樣，往往不看他的從前，而是看他現在和今後要做什麼樣的人。晚節不保的例子，最著名的當屬大漢奸汪精衛。他從青年時代起就追隨孫中山革命，為推翻清朝立下了汗馬功勞，還曾冒死刺殺攝政王。那時的他，可謂知名人物，有著很好的名譽，受天下人的推崇與敬佩。豈料到了後半生，他卻不顧民族大義，甘為日本人的走狗，落一個遺臭萬年的漢奸罵名。

一個人混到這步田地，再輝煌的過去又有什麼價值呢？完全化為糞土，變得一文不值！

無論做人做事，我們都需謹記這一忠告，尤其是那些在官場混的人，更需要處處小心、時時注意。哪怕你榮耀了一輩子，如果最後犯個大錯，可能一生就這樣毀了。人生就是如此奇妙，哪怕一個以前做盡壞事的人，但如果他痛下決心洗心革面，仍然是浪子回頭金不換，能夠獲得大家的原諒。如果他再做一些善事，就能夠獲得眾人口中的美名。

《菜根譚》中有這樣一段類似的話：「事窮勢蹙之人，當原其初心；功成行滿之士，要觀其末路。」意思就是說，對於在事業上遭受失敗、事事不順心的人，應當體諒他當初的本心是為了奮發上進；對於事業成功感到萬事圓滿的人，要看他在以後的道路上能否保住晚節。這就告訴我們不要為一時失敗而懊惱，更不要為一時的得意而忘形，因為還未蓋棺論定，遠不是喝慶功酒的時候。

在生活中，有些人剛開始毫不起眼，我們都覺得他普普通通，沒什麼能力，最後卻突然像吃了興奮劑一樣勇猛無比，接二連三完成艱巨的任務，讓所有人都刮目相看。當具體到某項工作，道理亦如此，只有最後的結果才能證明一切。不管前期有多少失誤，別人不理解、競爭對手冷嘲熱諷，這些都不重要。只要你堅持努力，做出好的結果，一切的懷疑和非議都將煙消雲散！由此可見，做人做事就像種田一樣，最後的收成才是評定的標準，那個時候勝負才見分曉！

真正聰明的人都懂推功攬過這一招

原文

完名美節，不宜獨任，分些與人，可以遠害全身；辱行污名，不宜全推，引些歸己，可以韜光養德。

譯文

完美的名聲和節操，不要一個人獨佔，懂得分一些給旁人，才不會招來嫉恨、被人算計；不好的行為和名聲，不可全推給他人，自己也要承擔幾分，這樣才可保全功名，獲得美德。

有個幽默故事，說一隻黑貓好不容易捉到一隻老鼠，把玩了一陣，卻把牠給放了。黃狗見了，不解地問：「辛辛苦苦抓到的美味，你為何放了牠？」黑貓回答說：「你當然不會明白，我是跟上司一起被派到這裡抓老鼠的。現在，上司連一根老鼠毛都沒撈到，我怎麼能搶上司的風頭呢？所以，我把牠放掉，讓上司來抓牠！」

這黑貓就是一隻聰明的黑貓。牠知道身為下屬，有時為上司做出一份恰當的「犧牲」，是一種值得的投資。牠先把老鼠追得筋疲力盡，再把牠放掉，讓上司輕而易舉地抓到牠。上司得到了功勞，心裡肯定也明白到底怎麼回事。黑貓雖然沒有捉到老鼠，卻得到比一隻老鼠更大的實惠，那就是上司的信任和提拔。

在現實生活中，我們經常可以看到，許多幹部在做彙報的時候，將功勞和業績都歸於上級的英明領導，把自己置於一個執行者的角色。他們抓住的恰恰就是上司的虛榮心理，把功勞推給上司，並不意味著你就沒有功勞了，大家對事實心知肚明。一個合格的上司，他也不會真的搶你的功勞。相反，他會對你做人處事的風格非常讚賞。如此看來，「推功攬過」實在有百利而無一害。

在這個世界上，凡是真正的成功人士，大都懂得與別人分享美名。在他們還沒有成功的時候，懂得與人一起分享利益，所以朋友出手加以相助。當他們成功以後，又懂得推功攬過，認為都是大家的功勞，失誤自己承擔。只有這樣的人，才能讓親人、朋友聚集在身邊，只有這樣的人才會成功！

某地產集團運營經理，與下屬群策群力，歷經半年，完成了一個專案。上級過來檢查工作，他誇誇其談，將功勞全扣在自己頭上，好像全靠他才完成了如此壯舉。上級大喜之餘，當然將他好一頓表揚，許諾給他各種獎勵。但下屬們卻不樂意了，對這種陰險的自私鬼非常失望，從此跟他離心離德，不管做什麼都不再配合他，還有許多人給上級寫檢舉信，揭發他的錯誤，暗地發誓，不打倒他決不甘休。

為了貪圖一個美名而葬送未來的前程，又是何苦呢？看看瞬間就站在他敵對面的龐大的同事陣營，你就能明白——不懂得推功攬過這一潛規則，何其危險？

《菜根譚》中說：「當與人同過，不當與人同功，同功則相忌；可與人共患難，不可與人共安樂，安樂則相仇。」意思就是，一個人應該有和別人共同承擔過失的雅量，不應當有和別人搶功的念頭，爭奪功勞就會引起彼此的猜疑；一個人應該有和別人共同渡過難關的胸襟，不可有和別人共同享受安樂的貪心，共用安樂就會造成互相仇恨。

每個人都難免在工作上有失誤，這很正常。但就有這麼一類人，出了事就把責任往同事或下屬身上推，先把自己撇乾淨，生怕上司責怪到自己，嘴裡說著「全賴你全賴你」，好像全是對方的錯，自己則成了不吃五穀雜糧的大聖人。這麼做的結果，只會讓自己失去信任，前途岌岌可危。

老板正與客人談話，市場部的負責人小李敲門進來，告訴老闆，一位重要客戶打來了一通電話。老闆談興正濃，只是點了點頭，不耐煩地說：「我知道了。」結果兩天以後，老闆把小李叫到辦公室，怒氣沖沖地質問他，為什麼不將客戶打電話來的事情向他彙報，以至於耽誤了一筆大生意？

如果你是小李，你會怎麼說？下面是三種答案：

A、這不是我的錯，我接到電話後第一時間就告訴你了，當時你正與一位客戶談話，沒有太在意這件事，記得你還說知道了呢！

B、我沒有責任，請不要怪我！

C、對不起，我沒有及時讓您知道，請原諒！

很顯然，A和B講述的都是事實，小李絲毫沒有責任。但是真正聰明的人，一般都會選擇答案C，馬上將錯誤歸結到自己頭上。因為這正是老闆期望的，他並非不知道錯在自己，而是因為自己的身份是不允許出錯的，所以，必須找一個替罪羔羊。此時你非常配合地站出來，讓他發洩一番怒火，給他一個臺階下。雖然他嘴上責怪你，內心其實會感激你。

金無足赤，人無完人。上司也會出現疏忽和漏洞，決策的失誤、指揮的不當，經常會有發生。作為下屬，你絕不要放大他的窟窿，甚至想牆倒眾人推，取而代之。最好的做法是主動出面，幫助上司適當遮掩差錯，往自己身上攬些責任。上司都喜歡可以為自己「補台」的下屬，如果你在關鍵時刻對他落井下石，或對他的「落難」不聞不問，冷漠置之，那你就要小心了，因為他很快就會「報復」你。

當你跟朋友或伴侶爭執時，也可以這樣去解決問題。即使你沒有錯，也主動說一句「不好意思，可能是我搞錯了」，而不是一味地糾纏於「一定是你錯了」，這樣是不是更有利於化解糾紛呢？有時候，大家吵來吵去，爭的不過是個面子，想找一個彼此都能擺脫尷尬的臺階而已。

當同事有些工作做得不到位，主管正要訓斥，你過去解圍：「對不起，剛才我請他幫我做了一份圖表，所以耽誤了時間，導致他的工作沒有及時完成。」這個理由既能助他擺脫尷尬，又不會把你陷進去。主管不再深究什麼，同事對你充滿感激，這可是一筆無形的投資。

但「分享」與「擔責」，不同於普通的哥們義氣，而是在公平合理的基礎上，與他人共同分享美名，共同承擔過錯。無論是公司的管理者，還是生活中的我們，都需要用心體悟和運用這方面的智慧。

一、攬過要適度

小過小錯可以由你來承擔，挨幾句批評，甚至罰一些錢，都無關緊要。但絕非什麼過錯都可以攬，比如上司貪污腐敗，你還站出來代人受過，豈不是自尋死路？所以，攬過的時候要眼明心亮。

二、推功要巧妙

別輕視你上司的智商，不要赤裸裸地把功勞強加到上司身上，造成張冠李戴的尷尬場面。那樣只會弄巧成拙，招致上司厭煩。而且，當你把功勞讓給上司的同時，萬不可到處宣揚。否則，眾人會誤以為你別有目的。

為人處世的最高境界——雙贏

原文

處世讓一步為高，退步即進步的張本；待人寬一分是福，利人實利己的根基。

譯文

為人處世懂得謙讓容忍才是高明的做法，因為退讓往往是更好的進步的基礎；待人接物能夠寬容大度就是有福之人，因為便利別人是為方便自己奠定根基。

在美國鄉下，住著一個老頭，他決定讓兒子成為不平凡的人。於是，他找到美國當時的首富——石油大王洛克菲勒，對他說：「尊敬的洛克菲勒先生，我想給你的女兒找個對象。」洛克菲勒說：「對不起，我沒有時間考慮這件事情。」老頭說：「如果我給你女兒找的對象，也就是你未來的女婿，是世界銀行的副總裁，可以嗎？」洛克菲勒同意了。然後，老頭又找到了世界銀行總裁，對他說：「尊敬的總裁先生，你應該馬上任命一個副總裁！」總裁先生說：「不可能，這裡這麼多副總裁，我為什麼還要任命一個副總裁呢，而且必須馬上？」這個人說：「如果你任命的這個副總裁是洛克菲勒的女婿呢？」世界銀行總裁爽快地答應了。

世界上最出色的生意就是這樣談成的，因為給對方提供了利益，所以到最後自己也收穫大利。正如《菜根譚》中說：「利人實利己的根基。」由此可見，利人和利己之間並不矛盾，兩者是相輔相成的關係。那麼，人際交往的實質是什麼呢？一語道破，就是利益交換，這和人要吃飯、雞要啄米一樣簡單。在這個競爭激烈的社會上，我們一定要拋開「個人利益就是所有」的陳舊觀念。當然，你可以「利己」，但利己卻不一定非得建立在「損人」的基礎上。有很多的合作模式，最後都能得到雙贏的結果。

所謂「君子之交淡如水」，很多人忌諱將利益與朋友連結起來，以為如果承認了利益是友誼的前提，就會被貼上「勢利」的標籤。其實人生中大部分朋友都是在謀取共同利益的過程中結交的，利益越一致，關係越深厚。儘管人與人之間有各種矛盾，但利益的凝聚力會使雙方去磨合、修復，自動尋求平衡。

對每個人來說，要想成功就要懂得先利人再利己，最終做到既利人又利己，這才是為人處世的最高境界。只有懂得捨棄小的利益，讓人一步，惠及他人，才能迎來別人對你的回報。當我們對別人讓利的時候，其實也是為了讓自己得到更大的實惠。

莊吉集團的創始人之一鄭元忠，是早年溫州有名的「電器大王」。後來，他選擇從事服裝業，成立了一家服裝公司，但卻一直沒有做出特別好的成績。

一次偶然的機會，鄭元忠認識了同樣搞服裝的陳敏，兩人一談，相見恨晚。於是，兩人在商量後成立了溫州莊吉服裝有限公司。

不久，吳邦東也加入其中。三人在公司各司其職，各有所長，被業界稱為「黃金三角」。

當時，對於誰當董事長的問題，三人都看得很開。按股份，鄭元忠是理所當然的董事長。但是，鄭元忠卻選擇讓陳敏來當董事長。正如他日後所說：「服裝該由懂服裝的人來做，陳敏是當時溫州服裝界數得著的少帥，又是服裝商會副會長，三個人中肯定他最行，而且也年輕。」

三人從一開始組合就達成一致：莊吉的權力在董事會，實行董事會領導下的總裁負責制。公司絕對不安排任何人的家族成員。有一次，陳敏的姪子大學畢業後，想到莊吉來工作，被陳敏拒絕了。如今的莊吉，股權清晰，事事由董事會集體決策，已經創造了許多第一：全國第一家利用品牌做質押貸款的民營企業；溫州市第一家民辦服裝文化研究所等等。莊吉還與中國美院、杭州絲綢學院等多家科研單位合作，成功地把莊吉定位於高層次的服飾品牌。

有人說，當今社會是一個合作型的社會，各取所需的合作模式可以表現在工作和生活的方方面面，同樣也表現在企業經營管理中。互利和雙贏應該是經營者始終要牢記的最高準則和追求目標。尤其是創業的時候更需要借助別人的力量，這就需要合作。尋找一個好的搭檔，才能夠迸發出無限的能量，才能各得其所。

要記住，世界上沒有「全能冠軍」，任何人都得憑靠身邊的朋友和關係才能做成事情，比如一件複雜的工作憑藉個人的力量很難完成，此時就必須有一種團結合作精神。合作精神在生意場上是一種不可或缺的特質，一個普通人只有放進團隊中才能彰顯力量，做出不一樣的成績，所以要想讓自己更好的發展，就要有跟人合作共贏的決心。

每一個成功人士背後都有一大批人在幫忙。那些電影明星，都有製作群；而那些歌星，也都有幫他們作詞、作曲的人，以及幫他們推廣的唱片公司，這些人的成功不僅僅憑藉自己的能力，更多的是團隊的力量，所以有人說這是一個「合謀的時代」。

成功者都深諳這個道理——成功是靠組織、靠團體，而不是靠個人。他們一旦遇到問題，首先想到的，肯定不會是自己單槍匹馬地去解決，而是找他們的夥伴一起來商量，集思廣益、博採眾長。如此一來，大家都得到了實際的利益，而成功也變得更加容易。

在這個世界上，你可以沒有知己，但是一定要有互利的朋友。你們不一定在生活中很談得來，但是在生意上要有共同的利益。如果你想贏得朋友，那就必須在你們之間有種互利關係，這是穩固彼此關係的一個根本。有了互利的朋友，你才能在市場競爭中立於不敗之地。

華人首富李嘉誠說：「如果利潤10％是合理的，本來你可以拿到11％，但還是拿9％為上策，因為只有這樣才會有後續的生意源源而來。」這句話表達了一種互利的經營理念。互利的目的是尋求更多的機會、財富以及資源，而非敵對式競爭。這正是人際交往與生意場上的最高境界。

做人要真誠，處世要變通

原文

做人無點真懇念頭，便成個花子，事事皆虛；涉世無段圓活機趣，便是個木人，處處有礙。

譯文

做人沒有一點真切誠懇的念頭，就成了一個繡花枕頭一樣的老滑頭，無論做什麼事都讓人感到虛假、不靠譜。處世如果不懂圓通靈活和隨機應變的情趣，也會像一個沒有生命的木頭人，時時處處都會遇到障礙。

如果做人不真誠，總是華而不實，朋友就會疏遠你。時間久了你會被貼上騙子的標籤，後果很嚴重。事實就是這樣，真誠是一個人在世間生存最重要的品質之一。然而，如果一個人過於固執呆板，處世不懂變通，同樣會四處碰壁。因為開車需要拐彎，為人處世同樣需要轉動方向盤，誰也不能一條道走到底。

有位推銷員跟某老闆約好之後，坐了五個小時的車上門拜訪並推銷公司產品。到了目的地，老闆的秘書把他攔住了，說老闆有事出去了，今天沒辦法見面。這名推銷員眼珠一轉，抬起一腳就把門踹開了，老闆果然就坐在裡面，見他踹門，站起來吼道：「你怎麼這樣？」推銷員也生氣地瞪著眼說：「我坐了五個小時的車，專程來跟你談生意，你卻這麼拒絕我，難道平時你就用這種態度對待自己的客戶嗎？」老闆哈哈大笑，立刻變得友好起來，說：「不錯，跟我對脾氣！」兩個人坐下促膝長談，很快就談妥了合約。

全世界沒有一本銷售教材會教人伸腳把客戶的門踹開，他不但這麼做了，還成功地搞定了一宗大生意。因為他知道，銷售的雖然是商品，但歸根結底還是人與人之間的互動。他在來之前，仔細查看了這名老闆的資料，發現他是一個江湖氣很重的人，為人豪爽講義氣，不按牌理出牌。所以，當秘書拒絕他入內時，他馬上就明白，這可能是老闆有意試探他。於是他調整策略，破門而入，果然大對老闆胃口。

俗話說：「識時務者為俊傑。」如果一個人不懂變通，那就是一個呆子。我們都知道刻舟求劍的故事，這就是一個學富五車的人不懂變通的活例子。船已經走了，那個所刻下的印記自然也變化了，靠這樣的死腦筋又怎麼能夠找到自己的寶劍？同樣的道理，我們如果不懂變通就會變得迂腐不堪，如同沒有生命的雕像和傀儡，為人處世的時候就會不得要領，做出讓人哭笑不得的傻事來。

處世雖然需要變通，但我們也不能丟掉自己的原則，否則就成了隨風而動的牆頭草。或許剛開始給人一種聰明伶俐的好印象，但絕不會長久。太滑頭了讓人討厭，太死板了也沒人喜歡。針對不同的人與事，我們要善用變通之法。比如一群人坐在一起聊天，思維靈活、富有幽默感、擅長調動氣氛的人，總能給人留下深刻的印象。如果你嚴肅得像一個主管，字字講究、枯燥無味，大家都會對你敬而遠之。

那麼，我們應該怎麼辦呢？對此，著名教育家黃炎培給出了答案。他在給兒子的座右銘中寫道：「和若春風，肅若秋霜；取象於錢，外圓內方。」這句話告訴我們，一個人要做到外表圓融懂世故，內心方正有原則。前者使得自己在熙熙攘攘的人群中進退有度，不因死板而顯得毫無生趣，更不因棱角過於鋒利而四處樹敵；而後者則讓自己在魚龍混雜的社會中不忘初心，不曲意逢迎，心存善念，恪守原則。

Chapter

4

為什麼有的人做得很棒卻得不到提拔和重用

為什麼那些什麼也不說、什麼都不做的人，無功也無過，但地位最穩固？為什麼有的人做得很棒卻得不到重用？其中究竟隱藏著哪些秘訣？

什麼樣的人地位最穩固

原文

十語九中，未必稱奇，一語不中，則愆尤駢集；十謀九成，未必歸功，一謀不成，則訾議叢興。君子所以寧默勿躁，寧拙毋巧。

譯文

十句話有九次都說得對，未必有人稱讚你神奇，但是如果有一句話沒說對，那麼就會受到眾人指責。十次謀劃有九次成功，人們不一定把功勞給你，但是如果有一次謀劃失敗，那麼批評、責難之聲紛至遝來。這就是君子寧可保持沉默也不浮躁多言，寧可裝作笨拙也不顯露機巧。

世界上存在一種奇怪的現象——為什麼那些什麼都不說、什麼都不做的人，無功也無過，地位最穩固？而有的人做得非常棒，為什麼卻得不到上司的重用？甚至稍稍有一點疏漏，就會遭到上司責罵？

究其原因，就是前者深諳人情世故。知道什麼時候該說，什麼時候不該說，知道如何做才恰到好處。他們的一舉一動都符合為人處世的黃金標準——中庸之道。而後者則固執己見，在複雜的人際關係中暈頭轉向，不知自己身在何處，為圖一時口舌之快，得罪了不少人，最終招致「殺身之禍」；或者逞一時之強，偏激猛進，直至步入人生的死胡同，在牆上碰個頭破血流……以一句話概括，就是說話做事欠策略。說不到點子上，說了也白說！做事不到位，做了也白做！

亂吃東西可以死人，亂說話可以遭禍。此話雖俗，卻是真理。在現實中我們一般不會亂吃東西，更多的則是說話辦事上的錯誤。不懂人情世故，胡亂說話確實讓人多走彎路、頭破血流！

三國時期的禰衡年少才高，目空一切。建安初年，二十出頭的禰衡初到許昌。有人勸他結交陳群、司馬朗。禰衡說：「我，怎能跟殺豬賣肉的在一起？」有人勸他參拜當時的名流荀彧、趙融，他回答道：「荀彧白長一副好相貌，如果弔喪，可借他的面孔用一下；趙融是酒囊飯袋，只好叫他看管廚房了。」這位才子只與孔融、楊修意氣相投。儘管如此，他還對人說：「孔融是我大兒，楊修是我小兒，其餘碌碌之輩，不值一提。」可見，他亂說話到了何種程度！

漢獻帝初年，大將軍曹操召見禰衡。禰衡看不起曹操，抱病不往，還口出不遜之言。曹操求才心切，為了收買人心，還是給他封了個負責擊鼓的官。一天，曹操大會賓客，命禰衡穿戴鼓吏衣帽當眾擊鼓為樂，禰衡竟在大庭廣眾之下脫光衣服，赤身裸體，使賓主討了個沒趣。曹操恨禰衡入骨，但又不願因殺他而壞了自己愛惜天下英才的名聲。

曹操心想像禰衡這樣狂妄的人，遲早會惹來殺身之禍，便把他送給荊州的劉表。禰衡替劉表掌管文書，頗為賣力，但不久便因亂說話得罪眾人。劉表也聰明，把他打發到江夏太守黃祖那裡去。禰衡為黃祖掌管書記，起初幹得也不錯。後來黃祖在戰船上設宴，禰衡說話無禮受到黃祖呵斥，禰衡竟頂嘴罵道：「死老頭，你少囉嗦！」黃祖急性子，盛怒之下就把他殺了。此時，禰衡年僅二十六歲。

不怕沒文化，就怕亂說話。禰衡的文化不可謂不高，但他以一點文墨才氣便輕看天下，到處亂說話，最終因一言不慎衝撞權勢人物而被殺。這就是亂說話的下場。很多時候，十個正確抵不了一個錯誤。話說多了，總會有出錯的時候，因此說話做事之前需先冷靜判斷——哪句話不該說，哪件事不該做！正所謂：「三年學說話，一輩子學閉嘴」。

《菜根譚》中說：「處世不必邀功，無過便是功；與人不求感德，無怨便是德。」意思就是，為人處世不必想方設法去追逐名利，其實只要能夠做到不犯常識錯誤就是最大的功勞；施捨恩惠給別人不必要求對方感恩戴德，只要別人沒有怨恨自己，就是最好的回報。那些深諳人情世故的「人精」都很明白這個道理，他們處處小心，保證自己不在處世中犯傻。

說得多，顯露出來的錯誤也就越多。內心的真實想法就會暴露，讓人輕易抓住你的弱點。如此一來，你不知不覺就成為別人的眼中釘、肉中刺，他們自然會想盡辦法整你。比如在單位內部，一些同事看你出錯的時候，會抓住你的把柄，跑到上司那裡說壞話，將你的缺點無限放大。上司如果不是明白人，就會對你舉起大棒，於是你就會因多話多事而遭受打壓。

說錯話的危害，比閉緊嘴巴不說話還要大。所以，我們為人處世的時候，一定要牢記——能說不代表會說，只有在該說的時候說，不該說的時候沉默，這才真正稱得上聰明和有口才。

某外商公司，新來了一位美女，震驚了整個部門，大家都討論與她有關的一切話題。這天，幾個同事聚到王晉的跟前，讓他幫忙分析一下這個美女的來路。

王晉被問得實在煩了，就隨口說了句：「你們真是笨，難道沒注意嗎，她經常從老闆的辦公室門口經過，有時還會進去待一會。而且，經理見了她都要主動點頭微笑！」

「哇，原來如此！」同事們張大嘴巴，像聽到一個天大的秘密似的，興奮至極地走開了。

王晉並沒把自己的這句話當回事。但次日中午剛下班，女孩就一臉嚴肅地把他叫到公司的會客室，把門關上，瞪著一雙憤怒的眼睛，質問他：「你昨天瞎編什麼？」王晉晃著腦袋想了想：「沒有啊，怎麼了？」女孩哼地冷笑一聲：「你是不是不編故事就活不下去，為什麼說我是老闆的情人？」王晉嚇出了一身冷汗，這才想起來，昨天自己的一句敷衍之語，一傳十，十傳百，傳到女孩耳中，竟成了「她是老闆的情人」。

他急忙道歉：「對不起，我不是故意的，只是跟他們開玩笑。而且，我只是實話實說，說你經常去老闆辦公室而已，『你是老闆的情人』絕對不是我說的。」事情到了這一步，越解釋只會越說不清楚。事實上，女孩確實跟老闆有關係，只不過並非「情人」，而是老闆的小女兒，剛從國外留學回來，想悄悄在公司實習一段時間。

千萬不要以為自己年輕，就可以信口開河；千萬不要因為缺乏經驗，就放縱自己成為讓人討厭的大話筒！真正聰明的人懂得獨善其身，懂得沉默的力量，這樣才會讓人刮目相看！

俗話說：「世事洞明皆學問，人情練達即文章。」以前古人就講究說話和辦事的「度」。這個「度」就是恰到好處。在傾聽與回應、幽默與玩笑、讚美與批評、拒絕與答覆、說服與勸導、辯解與圓場、問話與答話中，掌握了這個「度」，你將能在激烈的競爭中立於不敗之地，成功自然也就水到渠成。

有個公關經理，在外面偶遇多年不見的朋友，兩個人去飯館喝酒。他被幾句好話和幾杯好酒灌得迷迷糊糊，把自己正負責的專案全盤托出。沒想到的是，這位老友如今已是競爭對手的公關經理了。公司的商業機密就這樣輕易地被竊取，他因此被解雇了。

我們一定要牢記——話多不是福，沉默才是金！謹言慎行未必能保證你萬事無憂，但至少是一種聰明的處世態度。寧可成為別人眼中笨拙的人，也不要成為一個自作聰明的人！整天抖機靈、耍心眼，把自己樹為別人打擊的靶子，這不是傻瓜是什麼？

下面是幾項我們最好要掌握的人情世故，希望能對大家有所幫助。

一、即使不是大人物，也要用請教的態度和口吻與之對話，因為人不可貌相，良師益友往往來自不起眼的生活與工作中。

二、即使不是服務人員，在朋友或者同事有客人來時也應該主動倒水。這樣會讓朋友、同事很有面子，也會讓客人覺得你的朋友、同事很有威望。他們會特別感謝你的幫忙。

三、有不同地位的朋友在的場合，要保持微笑，體貼地招呼那些內向、不為人注意、可能有點兒自卑的朋友。在社交中幫助弱勢者會得到別人的感激。對於社會地位較低者或自己不能適應的生活條件與生活習慣時，儘量不要表現出厭惡的表情。

四、在沒有充分把握的時候，用「爭取」與「儘量」這樣的口吻回答別人的邀約，承諾了就要盡最大能力去履行。

五、好漢不吃眼前虧，如果問題爭執不下，就不要繼續火上澆油。冷靜下來，多收集一些資料材料，想得更明白點兒再說。

處世法寶：做人要中庸，做事要一流

原文

好動者，雲電風燈；嗜寂者，死灰槁木。須定雲止水中，有鳶飛魚躍氣象，才是有道的心體。

譯文

生性好動的人就像雲中的閃電一樣飄忽不定，又像風中的殘燈一樣忽明忽暗；而一個嗜好安靜的人就像火已經熄滅的灰燼，又像已毫無生機的枯木。以上都不合乎中庸之道。我們應該像在靜止的雲中有飛翔的鳶鳥，在靜止的水中有跳躍的魚兒，這才算是達到有道的境界。

為人處世，中庸必不可少。中庸是為人處世的法寶。

對於什麼是中庸，並不是人人都瞭解。宋朝程伊川先生說：「不偏於一邊的叫做中，永遠不變的叫做庸。中是天下的正道。庸是天下的定理。」所以，中庸也就是合乎規律，符合規律也就是符合「道」。所謂中庸，在哲學上講就是一個做人做事的「度」。

中庸之道要求我們為人處世恰到好處。在做人方面，《菜根譚》有過這樣的要求：「氣象要高曠，而不可疏狂；心思要縝密，而不可瑣屑；趣味要沖淡，而不可偏枯；操守要嚴明，而不可激烈。」意思就是，一個人的氣度要高遠曠達，但不能太狂放不羈；心思要細緻周密，但不能太雜亂瑣碎；趣味要高雅淡泊，但不能太單調枯燥；節操要嚴正光明，但不能太偏激剛烈。具體來說，就是看待問題、處理事務，要有一個合理客觀的尺度，把握好分寸，幹什麼都恰到好處、不偏不倚。

做人若是恪守中庸之道，就不會偏激憤青，人際關係就會和諧，朋友就會越來越多。這個世界之所以豐富多彩，就是因為有各種不同的事物，有各具特點和特色的人。以中庸的態度做人，我們就能接受不同的人或事，就能承受不同人或事物的激發。我們觀察人或事物才會更加全面，得出的結論就會更加接近真理。

這個不偏不倚的中庸，絕非「和稀泥」，而是公平與合理。若是理解錯誤，效果可就差了十萬八千里。有不少人對中庸理解錯誤，認為它就是提倡得過且過什麼都不做。其實恰恰相反，中庸要求我們在做事的時候，追求極致，一定要達到最好的效果。

有人問知名導演李安，當年為何有勇氣拍《色・戒》這樣限制級電影？李安這樣回答：「我的個性比較溫和，一般不會做比較悲愴或者比較決絕的事情，可是我的勇氣和誠意讓我可以去觸摸這些題材。在生活中，我不是一個愛走極端的人。我覺得做人可以很溫柔、很中庸，做藝術不能手軟。這是我的個性，探索題材要大膽、要深入，言別人不能言，擲地有聲！」

做事要一流，就是做事要追求極致。古人說：「取法於上，僅得為中；取法於中，故為其下；取法於下，則無所得也。」意思就是，如果開始的目標是上流，最後得到的結果可能只是中流。如果開始的目標是中流，最後得到的結果可能只是末流；如果剛開始的目標只是末流，那麼就會什麼也得不到。對於一件事，我們不僅要把目標定為最上等，而且在實際執行中也爭取做到最好。如果開始就追求過得去就行，結果肯定是什麼都做不好。

為什麼日本人、德國人生產的產品那麼受世人推崇？因為他們做事態度一流、精益求精。難道我們的智慧比德國人、日本人差很多嗎？非也！只是我們實在過於「聰明」了，把做人要中庸的智慧，錯誤地用在了做事上。實際上，在做事情時一定要追求一流，這兩者豈能混為一談？如果在本應認真做事的時候還難得糊塗，這不是忽悠大家又忽悠你自己嗎？

真正懂得中庸的聰明人，就會區別對待做人和做事，注重在日常生活中提升自己的格局，不偏激、不糊塗，以理性為基礎，以公正為前提，以通達為尺度，從而實現做人與做事的雙成功。

讓對方做主角，自己心甘情願當配角

原文

居卑而後知登高之為危，處晦而後知向明之太露；守靜而後知好動之過勞，養默而後知多言之為躁。

譯文

處在低矮的位置，才知道攀登高處的危險；在昏暗的地方，才知道當初的光亮過於刺眼；持寧靜的心情，才知道奔波的辛苦；保持沉默的心性，才知道多言帶來煩躁。

一部電影中往往只有一個或兩個主角，這個主角該由誰來扮演呢？自然是最合適的人出演。這樣的話，做主角的只是那麼一兩個人，多數人都將出演配角的角色。

在社會交際中，我們也常常面臨著是做主角還是做配角的選擇，當然每個人都希望自己能夠出演主角，這是人的一種自我表現的本能。但是你不可能永遠做主角，大多時候你都將以配角出現。在一些特別的社交場合中，有些聰明的人總會心甘情願當配角，讓對方當春風得意的主角。對他來說，這並不是一種失敗，甚至可以說這是一種決策性的勝出，他讓出的只是一個主角的虛名，而贏得的卻是真正的實惠。

真正聰明的人總能一眼看出這其中的訣竅。事實上也確實如此，如果你想贏得別人的好感和信任，最巧妙的辦法就是讓對方做主角，而你心甘情願地當配角。你滿足了他的表現欲，他就會滿足你的一切。比如你想與某個重要人物結交，或是有什麼事需要朋友說明，這時你就需要把主角讓給對方，使對方過過主角癮。等對方心理滿足後，他就會配合你，心甘情願地幫你解決一切難題。

三國時期，有一項「生意」可稱經典之作，那便是「三顧茅廬」。劉備聽說南陽諸葛亮有經天緯地之才，於是親身前往相邀。一顧茅廬，諸葛亮避而不見，張飛耍起了牛脾氣，大罵諸葛亮，可劉備制止了他；二顧茅廬，諸葛亮仍不相見，一向穩重的關羽也耐不住性子了，可劉備仍然畢恭畢敬，以表誠意；三顧茅廬，諸葛亮故意刁難遲遲不與相見，三位當世英雄站在階下幾個時辰，最後諸葛亮才答應出山。

在這裡，劉備可謂給足了諸葛亮面子，心甘情願做配角且毫無怨言，諸葛「村夫」過足了「主角癮」。可劉備更是個聰明人，他做了一回配角，卻贏得了三分之一的天下，可謂賺大了。生意場上也是如此，人們都希望被尊重，特別是一些已經有了較高社會地位、有所建樹的能人學者，大都有一絲清高和些許傲氣。與他們交往時，我們就須禮讓三分，讓對方當一回「主角」，一旦你的誠心感動了他們，他們會加倍信賴你，以各種形式來回報你的知遇之恩。死心塌地的創業同夥、做事專注的得力助手，往往都是這樣來的。

如何把主角讓給對方且又「讓」得不露痕跡呢？

一、主動為你的「貴人」服務

一個關鍵人物，可能就是改變你命運的「貴人」。當你遇到了自己的「貴人」，一定要抱著主動為之服務的心態，瞭解「貴人」的愛好、習慣、性格等，這是最基本的步驟。在此基礎上，為其量身打造一部主角的情節，對方很快就能入戲，你的「生意之戲」也將進行得有聲有色。

二、低調做人，高調做事

如果你想把生意做成，就得時刻保持著低姿態，表現得謙虛、平和、樸實、憨厚，甚至愚笨、畢恭畢敬，這樣對方就會感到備受尊崇，心理上會有一種極大的滿足。其實，你的低姿態只是一種表面現象。世界上第一流的企業家都是大智若愚型，為什麼呢？就是因為他們遵循了這條規律：低調做人，高調做事。因此，要想把事辦成，把生意做好，你不妨常以低姿態出現在別人面前。別人有了安全感，你才有安全感。

三、莫讓他人丟面子

英格麗・褒曼因為在《東方快車謀殺案》中的精湛演技而獲得最佳女配角獎，但是在她領獎的時候，她卻一再地稱讚與她爭逐最佳女配角獎的瓦倫蒂娜・科爾泰塞，認為真正的獲獎者應該是這位落選者。她十分真誠地對瓦倫蒂娜說：「原諒我，瓦倫蒂娜，我本來沒有打算獲獎的。」

褒曼獲得了最佳女配角獎，然而她並沒有喋喋不休地誇耀自己的輝煌成績，而是對差點搶走自己獎座的對手推崇備至，這既維護了對方的面子，也顯示了自己豁達的胸襟。

我不同意你說的每一個字，但我誓死捍衛你說話的權利

原文

待小人不難於嚴，而難於不惡；待君子不難於恭，而難於有禮。

譯文

用嚴厲的態度對待小人並不難，難的是內心並不憎惡他們；恭敬品德高尚的君子不難，難的是做到真正有禮。

「對事不對人」這一處世原則是指，我們要客觀地分析問題，在處理日常事務時針對的是問題本身，而不是某個人。

關於這種處世法，作家柏楊曾以一個故事解釋得淋漓盡致——俄國大作家托爾斯泰對一個乞丐施捨。朋友告訴他，該乞丐不值得施捨，因他品格之壞，在整個莫斯科都非常有名。托爾斯泰回答：「我不是施捨給他這個人，我是施捨給人道。」法國思想家伏爾泰也說過類似的話，具體為：「雖然我不同意你說的每一個字，但我卻誓死捍衛你說話的權利。」確實如此，我們可以不同意一個人說話做事的方式，但是對這個人我們要保持尊重，因為他在人格上擁有上天賦予的自由和平等。

明朝萬曆年間，一個官員因手下一名小吏的工作犯了低級錯誤而嚴加批評，把他教訓得狗血噴頭、眼冒金星。但在回府的路上遇到他，官員又親切地對他禮貌相待，真誠地關心他的生活所需。

小吏慚愧道：「我這麼不稱職，大人為何還如此禮待我？」官員笑說：「你的錯在衙門之內，與衙門之外有何相干？」小吏聽了很受感動。

這就是對事不對人的處世原則。對事不對人，無論事情做成什麼樣，這個做事的人在人格上跟自己是平等的。上班的時候有失誤，不代表他下班之後可以繼續被訓斥。隨著時間的流逝，錯誤可以更改，而原本不犯錯的人也許會出錯。正所謂，壞人可以變成好人，好人也能變成壞人。

人有貴賤之分，對壞人、弱者或自己不需要的人，許多人骨子裡就帶著輕蔑的態度，缺乏基本的尊重。可一旦見到強者、富人、名人，立刻就表現得十分殷勤，以崇拜者的姿態仰視對方，不拿自己的人格當回事，讓受者不屑，觀者不齒。

一個人，今天是小偷，明天換個新環境，可能就會成長為勤勞能幹的好人。而一個曾經勤政為民的好官，經受的誘惑多了，也有可能自甘墮落，變成腐敗貪官。所以，我們要用辯證思維來看待人和事——你可以指責批評別人做的錯事，但絕不可看輕對方的人格，不要把人一棍子打個半死。

為人處世，最困難的就是做到對事不對人。對事不對人，不對人性進行扭曲、傷害，不對人做道德說教、評判，不對人的素質妄下推論、結論。只針對一個人做過的錯事進行批評和指責，不要因為討厭其本人，就把他做的所有事都批得一無是處。反過來看，對那些春風得意的成功人士，我們充滿崇拜之情。這是一種很正常的情結，但如果過了頭，就成了諂媚，把自己放在一個卑微的位置，這當然不是聰明人應採取的態度。

要知道，一個人貶低自己，不僅得不到對方的尊重，而且遭受世人的恥笑——這就是不對具體的事，只見人就先臣服的不客觀心態。誰能瞧得起一個總是點頭哈腰的人呢？你自己選擇仰視別人，就休怪他人俯視你！

階梯遞進心理法則——恩要自淡而濃，威需從嚴至寬

原文

恩宜自淡而濃，先濃後淡者，人忘其惠；威宜自嚴而寬，先寬後嚴者，人怨其酷。

譯文

給人恩惠應該從淡薄到濃厚，如果開始濃厚而逐漸淡薄，那麼人們就容易忘掉你的恩惠；樹立威信應該先嚴厲而後寬鬆，如果先寬鬆而後嚴厲，人們就會怨恨你的冷酷。

冬天下雪的時候，一個快餓死的乞丐，躺在街角的陰冷處，可憐巴巴地望著路人。有一位農夫實在不忍心，就把剛買來的雞腿送給了他。乞丐感激涕零，拿過去就狼吞虎嚥，吃完了還跪下給他磕頭。沒幾天，農夫又經過那裡，乞丐見他來了，眼睛頓時一亮。這次農夫給了他一個熱乎乎的飯團，希望他能填飽肚子。沒想到，乞丐失望地搖搖頭，像看吝嗇鬼一樣瞪著他，十分不情願地接過飯團，說他是小氣鬼，詛咒他活不過這個冬天。

農夫回到家，氣得睡不著覺。老婆聽他講了事情的原委，對他說：「人心就是這樣，永遠不知足。如果你先給他一個飯團，再給他雞腿，他一定很感激你。」

這就是階梯遞進心理在作怪。如果同時有兩種食物，先吃美味佳餚，後吃粗茶淡飯，就發覺難以下嚥；反之就覺得這餐飯吃得很香甜。在管理上同樣如此，老闆先嚴格要求員工，讓他們看到自己嚴厲的一面，日後管理起來就比較容易。若一開始寬鬆地要求他們，就會慣出毛病來，當你再想上緊發條的時候，難度已經增加了百倍，他們對你的嚴厲會感到非常的反感。

有人聽到如此分析，或許會認為，幫助別人竟然還不討好，那我們就不要幫助他們好了，有了恩惠自己留著，何必給他們討嫌呢？這樣的觀點顯然是錯誤的，因為我們絕對不可忽視幫助他人在人際交往中的重要作用。凡是真正聰明的人都懂得——給別人幫助是開拓和鞏固人際關係的「常規武器」。一個從不幫助別人的人，很難想像能在這個社會上吃得開。因為人情就是財富，讓別人欠你一個人情，就等於寫下了一張不定期歸還的欠條，將來一旦有機會，別人肯定加倍地還給你。但是，幫助他人也絕非餓虎撲食，不分輕重、不講策略地撲上去這麼簡單，像上面這位想法單純的農夫，他雖然做了助人為樂的好事，卻得不到好評。

《菜根譚》中有這樣一段話：「千金難結一時之歡，一飯竟致終身之感。蓋愛重反為仇，薄極反成喜也。」意思就是，用千金來饋贈他人，有時難以打動人心換得一時之歡喜，相反有時候一頓飯的恩惠卻能使人終身感激。這是因為有時過分的關愛反而變成反效果，而一點小小的恩惠反而容易討人歡心。善於運用利他的技巧，會讓你在人際交往中如魚得水，遊刃有餘。

利他，實際上就是一種感情投資，感情投資的最好方式就是在別人最需要幫助的時候雪中送炭。大家都送的時候，你的作用顯現不出來，別人也無從感受你的誠意，但是在危難時送，對方會感激你。在困難中得到了幫助，他將會記得長久，感受最為深刻。古人云：「滴水之恩，當湧泉相報。」為什麼要報？因為沒有這滴水，可能就沒命了，這滴水就是活命之水。宋江為什麼得到梁山好漢的尊敬？就是因為他總是在別人最需要幫助的時候出現，以致人們稱他為「及時雨」。在情感投資中，及時非常關鍵，幫得早，不如幫得巧。

二十世紀七〇年代初，香港的塑膠業出現了嚴重的危機。由於石油危機波及香港，香港的塑膠原料全部依賴進口。而此時的進口商趁機壟斷價格，並抬高物價，致使許多廠家停產，瀕臨倒閉。在這個關鍵時候，李嘉誠出現在風口浪尖。他倡議數百家塑膠廠家入股組建聯合塑膠原料公司，並由聯合塑膠原料公司出面，與國外原料商直接交易。由於他們現在的需求量比進口商還大，所以購進的原料價格降低，並按實價分配給股東廠家。於是，進口商的壟斷局面被打破了。之後，李嘉誠還將長江公司的十三萬磅原料以低於市場一半的價格賣給了一些瀕臨倒閉的廠家。在這次危難之中，有幾百家塑膠廠得到了李嘉誠的幫助，他因而被稱為香港塑膠業的「救世主」。從此以後，他在業內的威望更大，而自己的生意也越來越順利。

最高明的情感投資就是急人之難、雪中送炭，而不是錦上添花。如果你能在別人最需要幫助的時候出手，那麼你就成了對方的恩人。什麼時候你有了困難，別人肯定會在重要時刻助你一臂之力。在與人交往的時候，我們總是想從別人那裡得到什麼東西。事實上，要想得到，必先施予。但施予也要講究技巧，並不是所有的給予都會有效果。對別人的幫助，雪中送炭比錦上添花好。如果別人這個時候不需要幫助，為了表示你的友好，你非要主動幫忙，這樣就收不到應有的效果，別人反倒以為你是故意要讓人欠你人情，並不是真心實意的幫助。

此外，施恩不可過於直露，以免對方感到不好意思，導致臉上無光。另外，如果別人幫過我們什麼忙，也不要傻乎乎地四處張揚，這樣會使對方陷入尷尬的境地。

立威從嚴至寬是什麼意思呢？就是說，你在樹立自己威望的時候，切不可一開始就與下屬嘻嘻哈哈，這會讓他們覺得你並不會認真看待大家的工作表現，從而在工作中不會認真要求。這個時候，就需要一開始嚴而有方，然後再寬嚴並濟。這就是《菜根譚》教給我們的管理技巧，可以說是CEO的智慧——每一個欲做大事者都要懂的。

人活臉，樹活皮——傷什麼都別傷別人面子

原文

攻人之惡毋太嚴，要思其堪受；教人以善毋過高，當使其可從。

譯文

批評別人的缺點不要太嚴厲，要想想別人是否能夠承受；教人做善事，也不要要求太高，要考慮別人是否能夠做到，不要使其感到太為難。

對我們來說，生命有多珍貴，面子就有多寶貴。你給他人面子，他人就會給你回饋。可如果傷了對方的面子和自尊，對方就有可能懷恨，徹底把你推向他的對立面！

有一位十七歲女孩，好不容易找到一個在高級珠寶店當售貨員的工作。耶誕節前一天，店裡來了一個中年男人，穿著破舊、滿臉悲傷，眼睛一直盯著那些高級首飾，似乎非常想買一個回去。

這個時候，女孩接了一個電話，期間不小心把一個碟子碰掉了，而那六枚鑽石戒指

也落到地上。她慌張去撿，但發現只剩下了五枚。她一抬頭，發現那個中年男人正急忙往外走。她頓時意識到戒指被他拿去了。

當那人快要出門的時候，女孩柔聲道：「對不起，先生！」男子轉過身來，兩人相視有幾十秒之久。「有什麼事嗎？」男人在說話的時候，臉上的肌肉在抽搐。

「先生，這是我第一個工作，現在找工作很難，想必您也深有體會，是不是？」女孩神色黯然地說。

男人看了女孩很久，笑了：「沒錯，找工作很難。但是我能肯定，你在這裡會做得不錯。我可以為您祝福嗎？」他向前一步，把手伸向女孩，在握手的時候，他把戒指還到了女孩的手裡。

「謝謝您的祝福。我也祝您好運！」女孩說道。

這個女孩因為給了那男人一個臺階，使自己可以全身而退，從而保住了這枚戒指，也保住了自己的工作，就這樣讓一起盜竊案輕鬆化解。如果這女孩不這樣做，而是大喊抓賊，結果可能變得非常糟糕。人活臉，樹活皮，當你不給別人面子的時候，自己的處境相信也必定極其艱難。

那麼，面子是個什麼玩意兒呢？面子就是一個人在眾人眼中的形象。給別人留下好的印象，別人對你讚揚，對你恭維，稱之為有「面子」；給別人留下不好的印象，別人對你否定，對你批評、漫罵，稱之為沒「面子」。

古人云：「良言一句三冬暖，惡語傷人六月寒。」良言才能結善緣。有的人之所以好心沒有得到好報，大都因為在提意見的時候，沒有真正意識到別人也是需要面子和自尊的。在為人處世的時候，我們一定要懂得保全對方的面子，如果不照顧對方的情緒，一味撕破臉皮，雙方肯定發生衝撞。哪怕以前的關係再好，也將在眨眼之間變成爛泥。

一對情侶坐公車去郊外玩，因為瑣碎小事，剛才還柔情蜜意的兩個人轉眼間就發生了爭執。女孩大聲地說：「喜歡上你這個窮鬼，我真是倒了八輩子楣了！」車裡人很多，女孩的聲音又很大，大家都側目觀看，竊竊私語。

當著這麼多人被罵窮鬼，男孩怎麼受得了？他尷尬地看了眼眾人，然後在下一站獨自下車離開了，留下女孩一個人，孤零零地坐在車裡。

當我們批評、指責別人的時候，一定要顧及對方的面子，否則我們就是一個自以為是的傻瓜！

另外，我們還要看對方是否接受批評或提議。如果對方在心理上強烈排斥，哪怕建議再好，起到的作用也只是零。就像教育孩子，父母總希望孩子做到最好，於是彈鋼琴的時候，兩三個音節不對，就大訓特訓；練書法，幾個字沒寫好，就大罵「笨蛋」。這就是對孩子的面子缺乏基本的尊重和重視。這樣下去，孩子的叛逆心理必定越來越強，哪怕提供再好的精神營養，孩子仍然是越教越偏離父母的期望。

在批評或提議時，我們不妨柔和一些。正如《菜根譚》中所說「思其堪受」、「使其可從」。站在對方的立場上，根據當時的具體情況，在對方能接受的前提下進行交流，這樣才能達到正面效果。

切忌用情緒化的方式批評別人，千萬不要輕易評價對方的人格、興趣與家庭教養。批評時若能提供解決方案，就更加具有建設性。批評時也不要忘記肯定別人的長處。此外，如果批評時能採用幽默的方法，所收到的效果往往會更佳。

為人處世的大忌——別讓固執偏激害了你

原文

舌存常見齒亡，剛強終不勝柔弱；户朽未聞樞蠹，偏執豈能及圓融。

譯文

很多老人一張口，你會看見舌頭還在，但牙齒已經掉光了，剛硬的東西終究無法戰勝柔弱。我們還經常看見門被蟲蛀了，但門軸的地方卻完好無損。由此可見，偏激固執遠遠比不上圓融靈活。

記得在中學時候，教我們數學課的李老師，嫉「惡」如仇，最看不慣打架、偷懶和談戀愛的學生。糾正這些不良習慣，當然是老師義不容辭的職責，但他因為過於堅持原則，任教之後不到一週，就鬧出了人命。

一個早熟的女生，和男同學在樓梯間偷偷接了一個吻，被他發現了。一時火大的他想都沒想，就讓這名女生罰站兩節課，還把她的「醜事」當眾講給全班學生聽，警告大家要引以為戒。這下可好，犯錯的女生性格剛烈，忍受不了這種屈辱，直接從五樓跳了下去。

李老師就犯了走極端的毛病——這正是為人處世的大忌！操守嚴明是好事，但如果執行的時候過於偏激，不根據具體情況靈活應變，就必然會造成致命錯誤。讓我們假設一下，如果李老師當時不聲不張，下午放學後再單獨跟這位女生談，用聊天的方式瞭解她的性格與真實想法，然後對症下藥，給出合適的建議，效果自然會好得多。

在這個世界上，很多事情都沒有絕對的對與錯。如果固守一種模式，一味偏激地為人做事，固執到底，就必然會走進偏激的死胡同。這樣的人往往抱著教條原則不肯放手，強加在別人的身上，還自認為完全是為了別人好。其實，他已經犯了為人處世的大忌！他們不管活了多大年齡，都還是不懂人情世故。

有句成語叫做非此即彼，大意是說一個人在做選擇時，要嘛這樣，要嘛那樣；而「這樣」和「那樣」之間的關係就是「是」與「否」的關係，似乎是難以調和的絕對的對立。事實上，很多時候問題並不是如此絕對，我們總能從中找到一種中庸處理的方法。

美國著名的艾菲爾建築公司，在承建某山區一條鐵道的過程中，遇到一個比較棘手的難題：當工程進行到將近一半的時候，卻在鐵道的斷頭處發現了十幾棵樹，嚴重阻礙了他們的進度。

擺在他們面前的有兩條路：一是，用電鋸把這十幾棵大樹徹底鋸掉，給鐵道讓路。但如果這樣的話，樹上的鳥兒將失去牠們賴以生存的地方。顯然，這有悖於公司一貫提倡的「環保、博愛」的宗旨。二是，繞開這十幾棵大樹，重新選擇區域修建鐵道。如果這樣，既可以與公司的宗旨相吻合，又可以提高公司的信譽，在業界樹立良好的社會形象，只是這樣一來，公司則會在工程預算的基礎上多出一大筆額外開支。

這確實是一個兩難的選擇。後來，副董事長約翰在董事長聯繫不上的情況下作出決定：為了維護公司的形象，寧願花費巨額開支，也要保護鳥兒的家園，繞道選擇區域重新修建鐵道。正當大家準備執行他的決定時，董事長勞斯頓從國外回來了。勞斯頓在聽取了董事會的彙報後，毅然推翻了約翰的第二套方案。當然，勞斯頓也沒有選擇第一套方案，而是讓工程隊將這些大樹連根拔起，一棵又一棵地平移到距離隧道十英里的地方，並把它們培植起來繼續生長。平移這些樹，一方面可以讓公司的鐵道工程繼續進行下去，從而避免一筆巨額的額外開支，另一方面，又可以讓小鳥繼續擁有屬於自己的家園，同時，還保持了公司的經營宗旨，維護了公司的形象。

在現實生活中，我們經常會遇到要嘛「這樣」或要嘛「那樣」的選擇，令我們頭痛不已，這時候，我們試著想一想勞斯頓的這個小故事，辯證地處理一下「棘手」的兩難選擇，是不是會好一點呢？只要你動動腦筋，總能從這些看似只有走極端的情況下，找到一種兩全其美的辦法。

規矩是死的，人是活的。如果總是帶著「只有自己是對的，別人都有問題」的偏激去做人，必然遭受眾人排斥。對我們來說，堅持某種為人處世的標準固然是對的，但如果過於堅守標準，並將之變成一種偏激和固執，用教條主義法則強制推進，那麼就會給他人造成傷害。在這個世界上，許多事都要具體思考與分析，採取靈活合理的方式去執行。

《菜根譚》說：「燥性者火熾，遇物則焚；寡恩者冰清，逢物必殺；凝滯固執者，如死水腐木，生機已絕。俱難建功業而延福祉。」意思就是，一個性情暴躁的人就像熾熱的烈火，彷彿跟他接觸就會被燒毀；一個刻薄寡恩的人就像寒冷的冰塊一樣冷酷，彷彿碰到他都會被無情地傷害；一個固執呆板的人，就像靜止的死水和腐朽的枯木，毫無一線生機。這些人都難以建立功業，造福於人。

「中庸」這個詞，闡釋的就是一種做人做事的基本態度，既讓我們講原則，又必須做到不偏不倚，居於中正。不管做什麼事，都不能太過分。另外，我們在處世中還必須懂得靈活變通，不能太依著自己的性子，而是要考慮實際情況，做事合情合理，做人適可而止。

禍起多心——天下本無事，庸人自擾之

原文

福莫福於少事，禍莫禍於多心。唯苦事者，方知少事之為福；唯平心者，始知多心之為禍。

譯文

最大的幸福莫過於沒什麼瑣事可牽掛；最大的災禍莫過於疑神疑鬼。只有瑣事纏身、苦惱不堪的人才知道少一事的好處；只有平心靜氣的人才明白多心猜疑是最大的災禍。

有個鄉下仕紳來到城裡看牙醫。醫生說要打麻藥，那位仕紳馬上掏出他的錢包。牙醫說：「先生，現在不用付錢。」仕紳回答：「哦，我只是想確定一下被麻醉前還有多少錢。」

這位仕紳可能就是疑心過重。當然，在社會上行走，保持幾分警惕性很有必要，但如果過頭就成了「天下本無事，庸人自擾之」。

「天下本無事，庸人自擾之」出自《新唐書・陸象先傳》。陸象先經常對人說：「天下本來沒有那麼多的事，只是庸人自找煩惱，把事情越弄越複雜。處理問題只要能弄清是非，正本清源，事情自然就簡單了。」人生中的不幸和禍端，大都因多心而起。如果一個人凡事多心，就會「疑心生暗鬼」，本來很正常的事，也會弄出風波來。

記得讀過這樣一則新聞：一個自卑的丈夫，因懷疑漂亮的妻子有外遇，整天心神不寧，上班的時候瞎琢磨：她都去哪了？做了什麼？然後回到家就開始像審問罪犯似的，對妻子這一天的行蹤刨根問底。妻子當然受不了，就跟他吵架。彼此失去了信任，關係越來越疏遠，到了水火不容的地步。

後來妻子無法忍受，鄭重提出離婚。這時候丈夫的疑心一下變成了「現實」，覺得妻子果然背叛了自己，一定是想跟外面的小王遠走高飛，現在想一腳把自己給踹了。由疑生恨，由恨生怒，於是當天晚上就對妻子實施暴力謀殺。

等他戴上鐐銬，讀到妻子寫下的日記後才明白，原來妻子在一家廣告公司做兼職，為經營這個家一直奔波勞碌。自卑的丈夫這才醒悟：原來錯的那個人是自己！因為自己的疑神疑鬼，徹底毀掉了自己美滿幸福的家庭。

由於多心和疑神疑鬼，本來很簡單的一件事被搞得越來越複雜。就好像一根簡單的毛線，被我們繞來繞去，結果繞成了解不開的亂線團！煩惱和災禍就是這樣產生的。如果一開始我們就保持不多事的心態去處理，很多麻煩和悲劇就能避免。

古語云：「相由心生，相由心滅。」如果你看誰都不像好人，結果一定會成為眾人眼中的「惡人」。你對別人有猜忌，懷疑這兒，猜測那兒，別人發現你的這種心理之後，第一，會主動疏遠你；第二，有好處也不念著你。你看，猜忌之心輕易就讓你變成孤家寡人了！

一個人如果陷入多心的境地，就會變成不可救藥的「庸人」。心裡想的多了，迷惑自然就會多，一旦理智失控，就會為自己惹來是非和災禍。友情、愛情、親情，都會被搞得雞犬不寧，生活充滿了痛苦。這樣的人生不是我們所追求的目標。

人與人之間的關係，就是這麼微妙！本來很簡單的事情，因為多心，或許就會演化出你根本預想不到的局面。但事後回想，就會發覺責任其實全在自己，還不如避開起初的那一事呢！可是，世上沒有賣後悔藥的，所以越來越多的人就免不了因多心而招禍。

我們該如何調整這種心態呢？鄭板橋有四個字廣為流行：「難得糊塗。」這四個字不失為一劑良藥。生活中，我們不妨多琢磨、多體悟這幾個字。何時糊塗，何時又聰明？怎樣才不多心，如何才能少事為福？這就需要我們謹守自家田，莫管他家事，尤其是別人的私事不要瞎摻和。除非對方在做違法之事，否則還是睜一隻眼閉一隻眼，讓他們自己解決為好。

不過，我們還應該明白：不多事，並非讓我們什麼都不做，而是讓我們不操無謂的閒心，做好自己手頭的分內事。也就是說，我們要用最簡單的方法，將最複雜的事情處理好，而不是因自己的多心多事，讓原本簡單的事情變得一團糟。

誠信是最好的「還魂藥」

原文

信人者，人未必盡誠，己則獨誠矣；疑人者，人未必皆詐，己則先詐矣。

譯文

信任別人的人，雖然對方未必都誠實，但自己首先做到了以誠示人；懷疑別人的人，對方儘管未必是虛偽的，自己卻先變成了虛偽的人。

西元前四世紀的義大利，一個名叫皮斯阿司的年輕人被判絞刑，馬上要被處死。但他是個孝子，希望自己在臨死之前，能與遠在百里之外的母親見最後一面，以表達他對母親的歉意。

有人把他這個要求告訴了國王。國王感動於他的孝心，決定讓皮斯阿司回家與母親相見，但條件是他必須找一個人來替他坐牢，如果他到時不回來，就要殺掉替他坐牢的人。有誰肯冒著被殺頭的危險替別人坐牢？如果皮斯阿司言而無信，就此逃之夭夭，代替者豈不是自尋死路？不過，皮斯阿司的朋友達蒙站出來說：「我相信你，所以我替你坐牢！」

達蒙住進牢房以後，皮斯阿司回家與母親訣別。人們都抱著看熱鬧的心態關注著事情的發展，認為那小子一定會帶著自己的母親逃得無影無蹤，怎麼可能回來送死？果不其然，皮斯阿司一去不回頭，眼看刑期在即，一點影子也見不著。人們議論紛紛，都說達蒙上了皮斯阿司的當，成了可憐的替死鬼。

行刑日是個雨天，達蒙被押赴刑場，圍觀的人都在笑他的愚蠢。但刑車上的達蒙不但面無懼色，還有一種慷慨赴死的豪情，好像這是一件美差似的，一點都不擔心自己今天會被絞斷脖子。絞索已經掛在了他的脖子上。有膽小的人嚇得緊閉了雙眼，他們為達蒙深深地惋惜，那個出賣朋友的小人皮斯阿司，實在太壞了。

就在此時，風雨中突然傳出一陣高喊：「我回來了！」皮斯阿司飛奔而來，他沒有違背自己許下的諾言，也沒有辜負好友達蒙的信任。這個消息宛如長了翅膀，很快便傳到國王的耳中。他親自趕到刑場，要親眼看一看這位誠實的國民。當他驗證了此事的真偽之後，親自為皮斯阿司鬆綁，赦免了他的罪刑。

皮斯阿司值得我們肯定，因為他重信守諾，但最值得讚頌的卻是對朋友無限信任的達蒙，不管這位身為死囚犯的好哥們是否會真的上演乾坤大挪移，成功利用自己逃跑，他都首先做到了「信任」兩個字。自己以誠示人、相信朋友，在信任危機的今天無疑是一種優秀品質。

有人搖頭晃腦地說：「這年頭還有誰值得信任啊？」確實，騙子無孔不入，讓我們不由自主提高了警惕。但從另一個角度看，正因每個人過度小心，看誰都不是好人，才導致大家都沒有安全感。

假如我們能夠反向思考一下，一切問題就清清楚楚了。當這個世界出現嚴重的信任危機時，誠信就是最寶貴的東西，如果我們能夠在恰當的時候正確運用，就會是聰明的人！我們能利用這把誠信的金鑰匙打開世界上最豐富的寶藏。因為我們手裡擁有的誠信，在別人那裡都找不到。

這個道理容易理解，就好像農民種莊稼，當大家都種馬鈴薯，而不願種地瓜的時候，地瓜就能賣個好價錢。在信任空前缺乏的時代，如果你懂得誠信的運用法則，懂得在人際交往中什麼時候應該誠信，什麼時候要慎用誠信，那麼你還愁自己在「人際市場」上沒有好價錢嗎？

芝加哥一場大火燒毀了許多商店，許多人在一夜之間變得一無所有。可驚人的是，有家商店一個月後居然重新崛起，營業額也是有增無減。原來這家店早年留下的誠信口碑，讓許多銀行都願意主動借款給它，而許多老顧客也繼續光顧。

由此可見，只有講誠信的人才能立於不敗之地，才有自己的生存空間。作為人類本性中最美麗的那朵花，誠信自古便被人們歌頌讚揚。不講誠信的人，只能被人唾棄，陷入孤立無援的地步，哪怕家財萬貫，位高權重，最終必將落個遺臭萬年的下場。

在人生旅途中，我們可以丟掉很多東西，但絕不可以丟掉誠信。丟掉了誠信，我們終將丟掉一切。反之，如果有了誠信，我們即使一無所有也能白手起家。

一個人對誰都不信任，就會把周圍的人當成假想敵，這樣必然很難找到真正的朋友，同時還會讓自己背負沉重的精神負擔，長期生活在過分憂慮的氛圍之中。事實上，世人都願意真誠，只是互相擔心上當受騙而已。這時，只要我們掌握了誠信的運用法則，盡最大可能去播種誠信，懷揣誠信為人處世，相信大多數人也會給予同樣的回應，我們也就因此多了一個新的朋友以及合作機會。

不過，我們一定要注意——信任對方，並不是讓你不問三七二十一就完全托心。如果有人利用你的真誠去作奸犯科，難道你也要毫不猶豫地投懷送抱嗎？因此，信任的前提是明辨是非。

Chapter

5

真理在少數人手中——你無需活給別人看

一隻小狼無意間闖進羊群中，很快這隻小狼就發現了自己與眾不同，因為牠跟身邊的羊長相、叫聲都不一樣。周圍的羊顯然對這個奇怪的傢伙很不友好，因為牠的行為方式是那麼彆扭、格格不入。結果，為了不讓自己特別顯眼，這隻小狼就使勁壓低自己的嗓音、不倫不類地像羊一樣在野外啃青草，牠有鋒利的牙齒，卻不知道如何使用，甚至還像羊一樣害怕同類會襲擊自己。

這輩子很短，無需活給別人看

原文

飽諳世味，一任覆雨翻雲，總慵開眼；會盡人情，隨教呼牛喚馬，只是點頭。

譯文

一個嘗盡人間酸甜苦辣的人，不管人情冷暖或世態炎涼如何反覆變化，都懶得再睜開眼睛去看其中的是非；一個看透了人情世故的人，對於世間的一切批評、讚頌都無動於衷，人們對他呼牛喚馬般吆喝，他只是點頭，內心深處卻始終保持自己的主見。

我們這一生究竟是活給誰看的？現在就必須回答這個問題。先弄清這個問題，再開始自己的人生。

有人或許會說：「不是人活臉，樹活皮嗎？當然是活給別人看的了！」這樣的回答固然有其道理，但是，如果一個人總是活在別人的眼睛和嘴巴裡，就勢必喪失自己的主見和方向。這樣一來，就必然不能朝著自己想要的目標勇往直前，這樣的人生也無法在別人眼中贏得尊重。

父子倆趕著一頭驢進城，兒子在前，父親在後，半路上有人笑他們：真笨，有驢子竟然不騎！

父親聽了覺得有理，便叫兒子騎上驢，自己跟著走。剛走幾步，又有人議論：真是不孝兒子，自己騎著驢讓父親走路！

父親於是叫兒子下來，自己騎上驢。走了一會兒，又有人說：這個人真是狠心，自己騎驢，讓孩子走路，不怕累著孩子？父親連忙叫獨生子也騎上驢背，心想這下總該沒人議論了吧！誰知又有人說：驢那麼瘦，兩人騎在驢背上，不怕把牠壓死？

父子倆只好把驢的四隻蹄子捆起來，一前一後抬著走，累得氣喘吁吁，滿頭大汗。

要想面面俱到，讓每個人都贊同，那是絕對不可能的！因為在做人方面，你不可能顧及到每個人的利益；在做事方面，你也不可能照顧到每個人的看法和立場。由於思維和價值取向都不相同，人們對同一件事會有不同的感受和要求，無論你怎樣做，總會有人不滿意！

太在意別人的評價和議論，就像憑空在自己面前立一面鏡子。如果你老是看著鏡子中的自己，檢視姿態是否好看，表情是否自然，這樣你就會擔心出現讓人不滿意的地方。說到底，你是活給鏡子看，而不是按照自己的內心來活。長此以往，生活就會失去方向，就像激流中的小船，總在漩渦裡打旋，遲早會葬身水底。

在這種生活標準下，哪怕你已經做得非常出色，可只要有一面鏡子對你打出不及格分，你就惶恐不已，自責自怨。你的心情快樂與否，都要看周圍人的眼色。如果老是看別人的臉色過日子，必將活得很累，沒有自我的靈魂。這樣的人，又怎能體會到生活的真味？

我們一定要讓自己牢記：我們無需活給別人看，而要活給自己看！不管成功還是失敗，都是為了實現自己的價值，這是人生的基本態度。不管他人如何待你，我們都應該坦然處之，不受影響。如果過於在乎別人的看法和態度，累及自身不說，也會更加搞壞他人對你的印象。

太在意別人的眼光，有時是因為自己軟弱，有時是刻意對大眾屈膝。如果你有類似的心態，請收回盯著別人的眼睛，審視自己的內心。失意時，不要因別人的眼光而惶惑不安，而是在內心尋找重新站起的力量！

寧做耳聾的青蛙，不做沒腦子的人

原文

毋因群疑而阻獨見，毋任己意而廢人言，毋私小惠而傷大體，毋借公論以快私情。

譯文

不要因為大多數人懷疑就放棄自己的獨特見解，也別因為自己的好惡而忽視別人的忠言。勿因私利傷害整體利益，更不可借助公眾的言論來滿足自己的私欲。

提起創業，很多人都會熱血沸騰、摩拳擦掌，但最後總是不了了之。為什麼？因為大家總是很難解決最頭疼的兩個問題——要做什麼和資金。但為什麼有了目標和資金後，很多人仍然創業失敗呢？

究其原因，就在於信念。少數人能夠堅定信念，不受別人眼光和看法的干擾，盡可能地完成目標；而大多數人卻因別人的看法半途而廢。

一件事情，你本來做得好好的，有個人過來一摻和，說：「哎呀，這麼做好像不行，你該……」於是，你馬上自我懷疑，按照他人的思路去做。沒有自己的主見，太容易讓環境左右，這樣一來，即使做一件最容易成功的事情，也會失敗！

動物王國舉行比賽，青蛙們的比賽項目是爬一座高塔。其他動物們都聚集在高塔周圍觀看，他們不相信參賽的青蛙能登上塔頂，於是有的動物大聲喊：「別費勁了！你們這些青蛙是不可能到達終點的！瞧你們那小腿，根本沒有能力爬上去。」聽到這些話，一些青蛙抬頭看著高塔，心裡不禁陣陣發怵，什麼時候才能爬上去啊，按照自己的能力肯定會以失敗告終，所以為了不丟面子還是自覺退出比賽吧。

青蛙們紛紛退出比賽，但還是有一部分青蛙堅持了下來。爬到半路的時候，不少青蛙掉了下來，觀眾們唏噓一片，青蛙們互相安慰：「還是算了吧，爬了一半已經很不錯了，還有那麼高，肯定還是會摔下來的。」幾乎所有的青蛙都放棄了。

讓大家驚訝的是，竟然還有一隻青蛙堅持往上爬。大家都哈哈大笑，惡毒地嘲諷：「真是白費勁，你不會成功的！」可這隻青蛙似乎沒有聽到，依然勇猛地向上攀爬，結果竟登上了塔頂！觀眾們驚呆了，態度發生了改變，開始對牠瘋狂讚美、喝彩。

比賽結束後，許多動物不理解這隻青蛙為什麼可以堅持下來，於是向牠請教勝利的秘訣，結果發現——這隻青蛙竟然是個聾子！

一個人如果能心無旁騖地去做一件事，哪怕只有微弱的希望，也大都會成功。如果別人一定要說你無法實現自己的夢想，那麼你就乾脆做一隻「耳聾青蛙」吧！

在現實中同樣如此，認定一個目標，不要輕易動搖。你要堅信自己的判斷，堅持最根本的東西。別人的建議只能作為參考，但不能不假思索就將自己的主見取而代之。公司內部開討論會，員工們你一言我一語，爭論某項工作的做法。如果你對自己的想法有信心，就一定要敢於發言，敢於提出自己的真知灼見。最怕的就是，在別人意見的左右下，你自己先打了退堂鼓。

什麼樣的人最容易幹出一番功業呢？《菜根譚》中說：「至人何思何慮，愚人不識不知，可與論學亦可與建功。唯中才的人，多一番思慮知識，便多一番臆度猜疑，事事難與下手。」意思就是，智慧超凡的人上知天文、下知地理、中察人事，什麼都能考慮得清楚明白，知道什麼可以做什麼不可以做。而那些愚蠢之人因為大腦裡的知識不多，一片空白，什麼都不知道，什麼也不用考慮，直接跟著智者幹就可以了。這兩種人都容易成就一番功業。唯有中等才能的人，多了一番思考能力，多了一番知識學問，於是做事情的時候就容易考慮多、疑慮多，從而猶豫不決，拿不定主意。的確如此，很多人最大的問題就在於想的太多，而做的太少。我們最應該做的是——堅持正確的觀點，不受雜言亂語的干擾，朝著一個既定目標不懈努力下去。思維正常的人都明白這個道理，但現實中卻又很難做到。這是因為我們太關注他人對自己的評價，太在乎他人對自己的看法和建議，總是在別人的目光中不斷校正自己的座標。今天向前走，明天向左轉，不是半途而廢，就是半路拐彎。如一頭拉磨的驢子，走的路雖然漫長，但只是原地打轉，始終抵達不了自己的人生目標。

由此可見，有主見是成功第一要素。不過，我們還要認識到——有主見並不等於固執。當一個人自以為是、剛愎自用的時候，所謂的「主見」其實就成了偏見。偏見越是堅持，對自己和他人的危害就越大。所以，對別人的建議不能全聽，也不能不聽，而是要經過客觀的分析，吸取其中有益的成分，從而讓自己做得更好。

在羊群中生活，一隻狼還敢認為自己是狼嗎？

原文

波浪兼天，舟中不知懼，而舟外者寒心；猖狂罵坐，席上不知警，而席外者咋舌。故君子雖在事中，心要超事外也。

譯文

波浪滔天時，坐在船中的人並不知道害怕，而站在船外的人卻嚇得膽破心寒；公共場合有人放肆謾罵在座的人，同席的人並不知道警惕，反而會把站在席外的人嚇得目瞪口呆。所以君子即使被某件事捲入其中，但是內心卻要抱著超然物外的態度。

一隻小狼無意間闖進羊群中，很快這隻小狼就發現了自己與眾不同，因為牠跟身邊的羊長相、叫聲都不一樣。周圍的羊顯然對這個奇怪的傢伙很不友好，因為牠的行為方式是那麼彆扭、格格不入。結果，為了不讓自己特別顯眼，這隻小狼就使勁壓低自己的嗓音、不倫不類地像羊一樣在野外啃青草，牠有鋒利的牙齒，卻不知道如何使用，甚至還像羊一樣害怕同類會襲擊自己。

當局者迷，旁觀者清。一個人做事最怕困惑於事中卻不自知，這樣就可能會把謬論當真理，把錯誤當正確。戰國奇書《韓非子》中曾記載過這樣一件事——

龐恭對魏王說：「現在，有一個人說街市上有老虎，您相信嗎？」魏王說：「難以相信。」龐恭說：「有兩個人說街市上有老虎，您相信嗎？」魏王說：「我有些懷疑了。」龐恭又說：「有三個人說街市上有老虎，您相信嗎？」魏王說：「我相信了。」龐恭說：「街市上明擺著沒有老虎，但是三個人說有老虎，就像真有老虎了。如今趙國到大梁的距離，比我們到街市遠得多，而議論我的人超過了三個。希望您能明察。」魏王說：「我知道怎麼辦。」然後龐恭告辭而去。後來魏王仍然聽信小人的讒言，日漸遠離龐恭。

這則寓言告訴人們，三人成虎，真相會被謠言所遮蔽。所以，如果確定了自我定位和自我方向，就不要輕易地為外物所改變，不要因為某個看法是多數人所推崇的就盲目輕信。凡事務必要多方考察，並以事實為依據作出正確的判斷。

週末的時候，麗麗和男朋友去商場買了一件自認為很不錯的衣服。但是，週一麗麗穿著這件漂亮的衣服上班的時候，很多同事都提出了相反的意見，比如風格不符、顏色不對，總之好幾個同事都這樣說。

本來高高興興穿著新衣服上班的麗麗，以為會受到大家的好評，但是卻得到了這樣的結果。於是，麗麗也開始覺得自己的眼光有問題了，回家之後，就把這件衣服放在衣櫃的最底層，以後再也不穿了。

為什麼麗麗的觀點發生改變了呢？難道真的是她的眼光不好麼？事實也許並非如此。很多時候，審美只是個人的感覺。但是，由於經過了別人的評價，麗麗就把別人的意見內化成了自己的意見，認為這件衣服真的不好看，甚至她還看到這件衣服更多的缺點，比如做工不精細，遺留小線頭等等，於是更加懊惱自己的選衣風格。

生活中，你是不是也有過這種感觸呢？你和朋友看完一場電影後，感覺這個電影還不錯。不過，還沒等你說話，朋友就說出了這樣的話：「什麼啊，還是名導呢，真垃圾！」旁邊的人也跟著附和：「白白浪費了這麼長時間！」於是你口裡剛剛含著的「不錯！場景、運鏡和劇情都很到位！」就硬生生地嚥下去了。於是你聽著朋友「針針見血」地剖析電影怎麼不好，你也漸漸覺得這個電影的確不是很好，甚至你也會像大家一樣，指出一些這個電影不盡如人意的地方。

想過沒有，為什麼自己最初的意見到了最後竟然因為朋友的話而改變了呢？你的主見是什麼時候失去的，而又是什麼時候，大家的意見成為了你的意見呢？從潛意識分析，你的內心其實是害怕自己遭到大家的反駁，害怕自己被別人否定。所以，最後你選擇了和大家站在一起，甚至為了「迎合」大家的觀點，提出了與自己本意相反的論斷。在心理學上，這種心理變化被稱為「群體極化」。

心理學家發現，一群人在進行決策的時候，往往會比個人更容易向極端傾斜，或過於保守，或過於冒險，最後的決策總是與最佳決策背道而馳。值得注意的是，冒險的決策總比保守的決策要多一些。所以，很多時候，人們總會看到一群人在做一件瘋狂的事情。比如戰爭，最為著名的就是法西斯主義引發的二戰，另外一些恐怖主義分子、宗教狂熱分子身上也有群體極化的影子。

那麼，為什麼群體決策會出現這種極端現象呢？心理學家發現，主要有下面幾個原因：

一、責任分化

作為一個決策，參加決策的人越多，承擔責任的人越多。所以，也就減少了每個人因為承擔責任而帶來的壓力，當然，人們還會感到自己失敗的風險會降低。這也是為什麼在進行集體決策的時候，冒險要比保守幾率高的原因。

二、人與人的對比

我們總希望自己被大眾喜愛和認可，所以，我們就會不知不覺地變成討好型人格，所作所為下意識地向多數人看齊。

三、資訊的影響

生活中，我們總會盲從大多數人的意見。就像我們網上購物，當很多評論都在說這個產品不好的時候，我們即使還沒買過，就會下意識地也這麼認為。有時評論都是正面的，不可排除有人刷評論、自我炒作，不過沒關係，我們仍會衝動下單購買。

一般來說，群體極化對於決策並沒有什麼好處，看看那些瘋狂的群體事件就可見一斑。所以，如果你在決定做一件至關重要的事情時，一定要認識到——並非找更多人一起決策就是正確的，群體決策或許存在著更大的盲點。

偏聽則暗，兼聽則明——不要誤信他人的一面之詞

原文

毋偏信而為奸所欺，毋自任而為氣所使；毋以己之長而形人之短，毋因己之拙而忌人之能。

譯文

不要因誤信他人的片面之詞而被奸詐小人所欺騙，也不要自以為是而被一時意氣驅使；不要仰仗自己的長處來比較人家的短處，也不要因自己的笨拙而嫉妒別人的才能。

戰國時期，有個叫鄒忌的人長得很帥。他問妻子：「我與城北徐公相比，誰帥？」妻子毫不猶豫地說：「你帥！徐公怎麼比得上你！」他又去問妾：「我與城北徐公相比，誰帥？」小妾怯生生地說：「徐公怎有你帥呢！」朋友有事來求他，他又提

出這個問題，朋友笑笑說：「徐公不及你帥。」

有一天，徐公有事前來拜訪。鄒忌仔細打量，感覺自己確實不如徐公帥。於是他領悟出一個道理：「妻說我帥，是偏袒我；妾說我帥，是敬畏我；朋友則是有求於我。如果只聽他們的話，就看不清問題的真相。」

漢代王符在《潛夫論・明暗》中說：「君之所以明者，兼聽也；其所以暗者，偏信也。」由此可見，偏聽偏信是為人處世的大忌。

這個道理是可以很容易理解的。你想，如果你每天只吃一種單調的食物，身體會變得強壯嗎？你肯定會因為偏食而營養不良，同樣，如果你只聽片面之詞，將很難搞清事實的真相，永遠處於蒙蔽之中。

李君是個很有雄心的人，他工作兩年後，覺得自己積累的經驗差不多了，各種條件都具備了，市場的機會也很好，就想從公司辭職，打拼屬於自己的事業。但是當他決定放膽實現這個夢想時，卻聽到親友們憂心忡忡的勸阻：

「能成嗎，聽說小趙也開了一家類似的公司，上個月剛倒閉，好慘！賠了幾十萬，欠了一屁股債，老婆都要跟他離婚。」
「反正做了也是失敗，別冒險了！」
「你現在的工作挺好，薪水和福利都很好，就不要瞎折騰了。搞不好，你連娶媳婦的老本都賠進去！」

一時之間，反對的聲浪紛至遝來。李君猶豫了，他的想法發生了轉變：是啊，萬一失敗了，我會賠個精光，連買房結婚的錢都沒了，到時可真是麻煩！想到此，李君已經徹底動搖了，最終他選擇維持現在不高不低、安全穩定的生活狀態。可是他並不知道，親友口中那位失敗的小趙，只是人們誇張地誤傳。小趙的公司確實經歷過一次重大的波折，但他經過多方努力，調整策略，很快又走上了正軌。

一個本來可以成功的計畫就這樣夭折了。後悔嗎？也許當事人還以為自己避免了一個危機，感激別人還來不及呢？一個沒有主見的人，在無意中就被別人牽著鼻子走。所以，我們不管做任何事情，都應該慎重考慮，堅持自己的看法，然後再聽取親人、朋友、同事的建議，盡可能多方面瞭解他們的意見，但絕不能輕信和盲目跟隨，要綜合考慮後再做最好的決定。

當你徵求別人的看法時，他們可能是敷衍你隨便說說，不成熟的建議你怎麼能夠輕率接受呢？要知道，這是你自己的事情，對於你來說可能至關緊要，但對別人來說卻是無關痛癢。畢竟事不關己，他們會真正對你的問題認真思考嗎？換個位置想一想就能得出答案。然而你就信了他人的一面之詞，這會讓你對本已考慮得十分成熟的方案重新懷疑，然後推翻，陷入猶豫和迷茫之中。一個原本可能成功的計劃就這樣毀掉了。

縱觀歷史人物，我們就很容易得出結論。三國時期的劉備、曹操和孫權，是當時角逐天下的主要人物。他們能夠號令群雄、逐鹿天下的最大資本，不是自己武力過人，也並非只會流眼淚、裝好人，而是善於聽取手下人正確的建議。他們能夠將部屬、謀士的智慧集合起來，最終形成最佳的決策。在各種建議下，他們始終保持清醒的頭腦，從不偏信某個人的言辭，而是透過篩選，制定最適合具體形勢的方案。

浙江有位做出口生意的陳老闆，他白手起家把公司經營到上億資產的規模。但有一次，他在兩名下屬不同方案之間做決策時，沒經詳細調查就採納了最信任的劉經理的方案，而否定了趙經理的提議。結果，趙經理失望之下，跳槽去了競爭對手的公司。他的方案被這家公司採用，一舉成功，獲得大量客戶的訂單。陳老闆這才發現，劉經理因嫉妒趙經理的才能，編造了許多謊言，使自己對趙經理產生很壞的印象，從而中了他的圈套。

事實就是如此，如果你總是盲目聽信別人的觀點，很容易被小人利用。他們知道你的弱點，更知道你需要什麼，不知不覺就操控了你。但你又有什麼可後悔的呢？這一切都是自己親手造成的，是偏聽偏信的性格缺陷帶來的災禍。作為一個真正聰明的人，一個有主見的人，大都會自己把握問題的關鍵，別人的話就是作為參考，最後做出決定的必然是自己。

一個真正聰明的人，面對各種看法和建議，永遠保持清醒的頭腦，不會讓自己迷失方向，更不會像風中的蘆葦那樣左右搖擺。他們總能在複雜的資訊中抽絲剝繭找出自己最需要的東西，而對自己不需要的則會裝聾作啞、置之不理。這正是智者的行為，也正是成功人士之所以成功的深層原因。

當別人說你是屢戰屢敗，你要堅持屢敗屢戰

原文

恩裡由來生害，故快意時須早回頭；敗後或反成功，故拂心處莫便放手。

譯文

受到恩惠之際往往會招來禍害，所以在得意的時候要早點回頭；遇到失敗挫折反而有助於成功，所以在不順心的時候，不要輕易放棄追求。

在一個談企業管理的電視節目中，有個單元是一位創業者與一名成功企業家的對談。成功企業家說：「我覺得你是屢戰屢敗。」其實這句話聽起來也沒什麼不對的地方，因為創業者本人的經歷確實如此。但是，創業者的回答卻讓人詫異。

創業者回應道：「先生，我想糾正你對我的評價，我不是屢戰屢敗，而是屢敗屢戰！」成功企業家愕然不已，繼而肅然起敬。

關於屢戰屢敗和屢敗屢戰，曾有這樣一個故事：清朝的曾國藩曾多次率領湘軍跟太

平軍打仗，可總是打一仗敗一仗，特別是在鄱陽湖口一役中，連自己的老命也險些送掉。他不得不上疏皇上表示自責之意。在奏摺裡，其中有一句是：「臣屢戰屢敗，請求處罰。」有個幕僚建議他把「屢戰屢敗」改為「屢敗屢戰」。這一改，效果大變，皇上不僅沒有責備他屢打敗仗，反而表揚了他，給了他很多支持。

是啊，當別人說你「屢戰屢敗」的時候，你要堅持「屢敗屢戰」，這是一個淺顯的道理。當我們面對失敗的時候，完全可以從相反的角度來審視問題。這句話將一個人的奮鬥意志淋漓盡致地表達了出來。人就是要有這種不服輸的精神！

香港尖沙咀旅遊區，一個烈日炎炎的下午，一位飽受烈日暴曬之苦的人，汗流浹背地拎著兩大盒領帶，疲憊不堪地走在香港尖沙咀旅遊區的洋服店一帶兜售。他已經辛苦地奔走了一個下午，跑了十幾家店，卻毫無斬獲。雖然遭受許多人的白眼，但他並沒有放棄。

當他又「高高興興」走進一家洋服店時，老板正十分殷勤地招攬一位客人。這個時候，年輕人拎著領帶走進店裡。洋服店的老闆像見到瘟神一樣，惡狠狠地把他轟出去。年輕人見自己像乞丐一樣遭人呵斥，被人驅趕，一股酸楚湧上心頭——原來求別人做生意是這樣難！

在工作中，從來沒有人來撫慰他、幫助他。他只有獨自挑戰這樣的生活。舔著流血的傷口，他重新展露笑顏，繼續走街串戶，兜售領帶。

由於敢於面對現實、對事業鍥而不捨，他終於成了一個贏家。他就是海內外知名的領帶大王——香港「金利來」集團主席曾憲梓。如今，他站到了這個行業的頂端！

失敗並不可怕，可怕的是你永遠都站不起來！在這個世界上，萬事萬物都符合物極必反的規律——沒有人能夠永遠挺立潮頭，也沒有人會失敗一輩子。即使失敗，我們也決不能讓人生平庸。

什麼都不做，當然也就什麼都不怕，因為永遠躲在溫室內，風吹不著，雨淋不到。可是，你的人生從此也就失去意義。人生就是這樣，只有勇敢去做事，不怕犯錯、不怕撞牆，才有機會實現夢想。其實，如果我們的選擇是正確的，就算得到失敗的經驗，也不是壞事，反而是提升自己的契機。

一個人能否成功，就在於跌倒之後能否有所領悟，反思自己為什麼會摔倒，以後如何才能不犯同樣的錯誤。這時候，你的抉擇，你承受挫折的能力，就決定了你未來的命運。要知道，人生不是寬闊的海港，而是埋伏著許多危險的旅程，人生的賭注就在這次旅程中。要想做一個真正的贏家，就必須笑對失敗。成功永遠屬於那些機智、勇敢而有魄力的人。

世事無常，事情不會按照預想的來發展。現在不如意，不代表將來沒轉機；現在生活安寧、事事順利，也不意味著將來不會出現波折。對一個人來說，最可怕的就是滿足現狀、不思進取。因此「喜憂安危，勿介於心」，無論有多少困難，有多少人反對，我們都要堅定自己的信念。我們該做的就是——瞪大眼睛，盯住前方，一步步踏實前進。

千萬不要因別人的眼光而迷失自己

原文

冷眼觀人，冷耳聽語，冷情當感，冷心思理。

譯文

用冷靜的眼光去觀察他人的行為，用冷靜的耳朵去細聽他人的言語，用冷靜的心情去處理事物，用冷靜的頭腦去思考事理，這樣才不會迷失自己。

每個人都生活在特定圈子裡，在這個圈子裡有各種各樣的目光。這些目光如同天羅地網將我們包圍，如果你沒什麼錢，或許會覺得到處是別人歧視的眼光，到處都是對自己的嘲笑。當你下定決心要做某件事，會覺得周圍人都在表示反對和不信任。這個時候，我們生活得是多麼不自在啊！我們無法真正隨意起來。畢竟我們都是社會性動物，不可能逃到深山老林當野人。我們必須讓自己冷靜而勇敢地直視這些眼光。

你是不是也如此在意別人的眼光？只要別人給個小意見就「誠惶誠恐」，從不考慮到底適不適合自己，就按照「意見」聽話地去做了？

為什麼你會那麼在乎別人的眼光，為什麼會因別人的看法而動搖？其實，這些看法雖然是別人的，同時也是你自己的。有句話叫「以小人之心度君子之腹」，用在這裡可以叫做「以自己之心度別人之腹」。一個人在心裡怎樣看自己，那麼在外界就能感受到怎樣的眼光。西方有句話說：「別人是以你看待自己的方式看待你。」

蘇東坡和佛印和尚是很好的朋友。有一次，蘇東坡去拜見佛印，兩個人相對而坐。蘇東坡問佛印：「你看我像什麼？」佛印說：「我看你像一尊佛。」蘇東坡大笑：「我看你卻像一堆牛屎。」佛印沒有說什麼。不久蘇東坡就回家了，並和蘇小妹說起此事。蘇小妹聽完並不覺得好笑，她對哥哥說：「佛家講『佛心自見』，就是說，你看別人是什麼，就表明自己看自己是什麼，哥哥看佛印是一堆牛屎，那麼看自己也是如此，而佛印大師看哥哥是一尊佛，那麼看自己也就是一尊佛。」蘇東坡聽後大窘。

在心理學上，佛家的「佛心自見」被稱為「投射效應」。善良的人，看別人總是善良的，陰險的人看別人總是陰險的。你是什麼樣的人，就看到什麼樣的世界。你的格局有多大，世界就有多大。

人本來就是社會性動物，不可能不在意別人的眼光，但我們要認識到，別人的看法只是別人的，並不是你的，所謂「別人的眼光，你的路」。如果你整天問別人，我穿這件衣服怎麼樣；我的另一半好不好；我要不要給那人打電話；要不要和這人分手；我是否應該參加培訓……這說明你不是一個自信的人。一個自信的人很少這樣問別人，雖然他也會參考別人的意見，但更確信自己正確的見解，不會輕易就發生改變。而沒自信的人，就讓別人的眼光成了自己的標準，他自己只是一台轉播別人看法的電視機而已。時間長了，自己懶於思考，養成靠他人指點才能做事的習慣，遇到什麼事都要問問別人才敢安心去做，這樣豈不成了別人思想的奴隸？

不要在甜言蜜語中暈頭轉向

原文

耳中常聞逆耳之言，心中常有拂心之事，才是進德修行的砥石。若言言悅耳，事事快心，便把此生埋在鴆毒中矣。

譯文

常聽逆耳之言，常想不順之事，這恰恰是激勵我們做得更好的磨石；假如每句話都好聽、每件事都稱心，等於把自己的一生都泡在毒藥裡。

愛聽甜言蜜語是每個人的弱點，無論是誰都容易上當。世界上幾乎所有的女人都喜歡聽甜言蜜語，很多女人正是因為男人的甜言蜜語而上錯花轎、搭錯了船。《宰相劉羅鍋》中的乾隆皇帝就被和珅的甜言蜜語哄得暈頭轉向，他明明知道對方所言所語都很虛偽，但就是控制不住肚裡想聽的「饞蟲」。在甜言蜜語面前，每個人的肚子裡都有不爭氣的「饞蟲」。

甜言蜜語就是一劑毒藥，聽多了不但心軟，腿也會軟。整天處在這種甜蜜的環境中，你會以為人間就是天堂，沒有陰暗、沒有挫折、沒有任何反對意見，自己猶如一個至高無上的帝王，這個時候就會看不清自己的問題，早晚會摔個滿頭包，跌個嘴啃泥。到那時才發現，原來甜言蜜語害死人，不好聽的真話才是自己需要的。

秦朝末年，劉邦率大軍攻佔咸陽城後，立即跑到聞名已久的秦宮察看。宮室華麗，寶物不計其數，都是他從未見過的，還有許多美麗的宮女向他跪拜。於是，劉邦打算先住下來享受一番再說。

他手下的大將樊噲知道了，趕緊勸阻說：「大王你是想擁有天下呢，還是只想當一個妻妾成群的大富翁？」劉邦說：「廢話，我當然想做天下之主！」樊噲說：「你現在留戀的這些，都是導致秦朝滅亡的東西啊！如果你也迷戀這些東西，那麼遲早也得滅亡！」

樊噲的話很難聽，劉邦很不高興，於是氣哼哼地仍在宮殿裡飲酒作樂。無奈之下，謀士張良又跑來了，他對劉邦說：「秦王殘暴，百姓造反，所以您才來到這裡，為天下除掉暴君。可如今剛入秦地就想享樂，難道要當新的暴君，然後再讓別人推翻嗎？俗話說得好，正直的勸告往往不順耳，但是有利於行；湯藥很苦，可是有利於治病。希望您能聽從樊噲的勸告。」

劉邦終於醒悟過來，出了一身冷汗，馬上下令封鎖府庫，關閉宮門，返回了軍營。

如果劉邦不是一個明智的人，就勢必聽不進刺耳的勸諫。雖然大家全是為大漢江山著想，也極有可能讓劉邦惱羞成怒，殺掉他們然後繼續享樂。若果真如此，恐怕中國歷史就要改寫了！因為劉邦無異於讓自己成為新的暴君。在當時群雄並起的年代，很快就會被別的英雄所滅掉。劉邦聽得進逆耳忠言，服得下苦口良藥，這正是他可以擊敗項羽建立大漢王朝的原因。

在現實生活中，如果你每天聽到的全是讚美之辭，或者都是一致認可的聲音，請千萬不要天真地以為自己無所不能、永遠正確，這恰恰說明，你正被別人泡在蜜缸裡，正處於慢性自殺的邊緣！被人泡在蜜缸裡，絕對不是一件值得慶賀的好事，因為在蜜缸泡久了，蜜就成了毒藥，把你的意志全都泡軟泡散，讓你徹底失去對危險的感知力。

唐玄宗時的宰相李林甫，就是一個口蜜腹劍的陰謀家，專門跟那些品德高尚、為人正派的忠臣過不去。他陷害人時，絕不是一臉凶相，而是甜言蜜語、吹捧對方，讓對方感覺他是最親近的人，然後再暗地裡找到把柄，拿對方開刀。

我們一定要清醒地認識到，甜言蜜語大都是有毒的。每個人都會犯迷糊，誰都不能保證自己無可挑剔，但只要我們排斥甜言蜜語的干擾，勇敢地喝下苦口良藥，就能在最大程度上確保處理事情時正確無誤。

不管別人的話有多難聽，我們都要讓他把話說完，聽聽他到底想表達什麼意思。對各種反對的意見和批評，要冷靜地分析，不要因為難聽就盲目反駁，而應該站在客觀立場上分析事實。哪怕對方說得沒有道理，我們也應該抱著「有則改之，無則加勉」的態度，讓自己可以變得更睿智。

Chapter

6

即使天塌下來，也要有一顆從容的心

泰山在眼前崩塌可以面不改色，麋鹿在面前狂舞而眼珠都不會眨一下。一個人若具備這種心理素質就能做一番大事，否則無論怎樣賣力折騰，也只能糊口而已！

順逆轉化定律——錢越多越容易虧本

原文

居逆境中，周身皆針砭藥石，砥節礪行而不覺；處順境內，眼前盡兵刃戈矛，銷膏靡骨而不知。

譯文

在逆境中，周圍其實都是良藥，會在不知不覺中磨練你的意志；而在順境中，等於面前擺滿了銷蝕意志的刀槍，讓你身心受到侵腐，走向失敗還不自知。

東漢大將耿恭，奉皇帝之命救援車師國，被匈奴軍隊圍在疏勒城（今新疆喀什）。由於敵眾我寡，而且是在遠離漢土的境外作戰，沒有援兵，耿恭的幾千部隊很快被死死圍困在城中。疏勒城建在天山的北坡上面，城旁有澗水流過，但匈奴人狡猾地切斷了水源。

在這種絕境下，耿恭身先士卒，「榨馬糞汁而飲」，同時率眾在城中掘井取水。

在戈壁挖井，談何容易？一直挖了半月有餘還是只見沙土，就在人們快絕望時，終於噴出了一股清泉。靠著這口井，耿恭率領幾十個倖存的士兵堅守城池，糧食吃光了，就煮皮革。匈奴人勸他投降，向他許諾「封王，嫁公主」。在如此的逆境中，內無口糧、外無援兵，似乎只有投降一條路。但耿恭越是身陷絕境，意志就愈加堅強。他手刃匈奴的勸降使者，誓死不降。正是憑著這種強大的精神，耿恭和士兵不僅守住了孤城，而且最終等到了漢朝派來的援軍。

我們可以想像一下這樣的處境——無兵、無糧，堅守一座域外孤城，而敵人的數量多達百倍，輪番進攻。在這樣的逆境中，耿恭沒有低頭，反而越戰越勇，最終等到救援，勝利而歸，成就歷史上不朽的美名。在他面前，困難是一塊最好的磨刀石。

逆境才是人生最好的良藥！大凡成功的人，多半經歷過挫折，因而才能體會到成功帶來的酸甜苦辣，才能磨練出一種好的心態，才能坦然地應對生活中的種種打擊。

當我們處事不順時，感到痛苦抑鬱是難免的，但對於一個生來就自立自強、不畏艱險的人來說，卻是一筆巨大的財富。只要肯堅持，一旦有了轉機，就能由逆轉順。

種過地、打過鐵、學過廚藝，這就是董書民在從事傢俱行業之前頗為豐富的經歷。十六歲時，種了三個月地後，董書民進一家店裡學打鐵。一九八九年，他在家人安排下，開始學廚藝。在學了一年廚藝後，他感到自己不是那塊料，放棄了。

真正的轉機發生在一九九二年年底，他開始做油漆生意，賺得了人生第一桶金。一年後，他的資產已達到十多萬。但一九九七年，一場災難開始襲擊沒有任何準備的董書民。他高價進的油漆，售價只有進價的三分之一，而且由於賒欠太多，資金根本無法回籠。「不但把幾年賺的錢全賠光了，而且還欠五十多萬的債務，那時幾乎想跳樓！」董書民說。

那是他人生中最暗淡的日子。法院查封了家產，有的債主甚至讓黑社會來逼債。妻子在醫院裡生孩子，討債的跑到醫院逼債。但是，董書民還是以平和的心態來面對。他從來不關手機，從來不躲避債主，而是耐心地給他們解釋：自己身無分文，即使逼跳樓也沒用。

一九九八年下半年，在眾多朋友的幫助下，他籌借到十二萬元做傢俱代理，開始二次創業。這次創業並沒有一帆風順。傢俱進了商場後，第一個月一套也沒售出，他考察發現原因在於銷售員的能力不行，不會推銷。在考察中他還發現一個非常出色的銷售員，於是重金挖了過來，每個月兩千元，承諾以後每月不低於兩千元，而那時銷售員的普遍薪資為八九百元。

這個銷售員給公司帶來了滾滾財源。第一個月銷售就達到三十五萬，半年後達到七十萬。兩年後，他從傢俱代理延伸到傢俱生產。二〇〇一年，他開始正式擴張，又在這個廠裡投資了一百多萬。

擴張後，他再次遭遇厄運。因品質上出了意想不到的問題，經銷商紛紛退貨。八十多萬的貨全部回收到廠裡當垃圾賣了！這次讓他損失四十多萬，而且三分之二的經銷商不再與他合作，聲譽遭到很大損害。

在這種情況下，董書民依然決定投資五百萬建設新廠。新廠房給經銷商煥然一新的感覺，再加上他給經銷商的承諾——有品質問題無條件退貨，並雙倍賠償，經銷商重新認可了他。

「其實，人的經歷越豐富越好，這樣你可以體味不同的人生，」董書民如是說。在失敗的時候，很多人會落井下石，很多人會乘人之危，此時關鍵是你能不能挺住，要學會感動合作夥伴，讓他們信任你，這樣你才能在失敗的基礎上繼續往前走。

對意志頑強的人來說，挫折是墊腳石，會讓他們站得更高，看得更遠，使他們可以以更加準確和清晰的眼光來展開新一輪的奮鬥。然而，對於那些弱者來說，挫折則成了他們的絆腳石，每一次都會將他們絆得一蹶不振，一事無成。

德國詩人歌德說：「流水在碰到抵觸的地方，才把它的活力釋放。」仔細斟酌，流水雖然會按照它的性質選擇向前平靜地流淌，但是如果在這過程中沒有石頭打斷它的平穩，也許這條流水就會一直選擇沉靜的方式匯入大海。但是，只有浪花的飛濺才讓整個水面看上去更有激情，這條河流才顯得更有生命力。

在這個世界上，順境翻船的人很多。對一個意志力差的人而言，優裕的環境往往是墮落的溫床——長期處在順境之中，一個人就很容易失去上進心，最終因脆弱無力摔一大跤。

《菜根譚》中說：「困苦窮乏，鍛鍊身心。」這就要求我們明白順與逆相互轉化的道理。如果遊手好閒不肯奮鬥，優越的生活會全部失去。反之，即使處於艱苦窮困的環境中，只要我們拿出幹勁，任何難題都能解決。總之不同的心態，決定了我們最終擁有什麼樣的成就。

不怕死定律——越怕死死得越快，不怕死反能活下來

原文

知成之必敗，則求成之心不必太堅；知生之必死，則保生之道不必過勞。

譯文

做事有成功就必定有失敗，一個人如能洞悉此中道理，凡事就不必過於強求成功；生命有生就必定有死，一個人如能明白此中道理，對養生之道就不必過於強求辛勞。

作為世人，都必定存在共同性。其中一個普遍的共同性就是——每個人都渴望成功，厭惡失敗；渴望長壽，畏懼死亡。然而，成功和失敗，長壽和死亡之間，究竟存在何種關係呢？

在經典名著《三國演義》中，呂布和張遼同時被曹操抓了，呂布不該死，因為武藝高強，曹操又最愛才，本來就沒打算殺他。但這傢伙怕死，見了曹操就跪地求饒，又要認曹操乾爹，又請劉備給他說情。曹操一看呂布怕死，大失所望，認為怕死的人只會投

降，對主不忠，再大的本事也沒用，結果就把他殺了。

張遼本來是該死的，他的本事不如呂布，當時又沒什麼名氣，曹操根本就沒打算留他。但他昂首挺胸，無所畏懼，寧可殺頭，絕不屈服。曹操見他不怕死，對舊主忠心耿耿。一個忠心而不怕死的人，本事再小也是有用的！就把他留了下來。所以，不該死的呂布，因為怕死沒活成，該死的張遼，因為不怕死反而死不了！

心理學中有一條定律叫做「不怕死定律」——越怕死就死得越快，不怕死反而死不了。如果把這一定律用在更廣的範圍中解釋，就是你越想得到某種東西，最後因為過於緊張反而得不到。當你懷著一顆坦然之心來面對，反而會有意外驚喜。

就像有些癌症患者，明明能活三四年，但聽說自己得了癌症，頓時嚇得精神崩潰，腦袋裡只剩一個「活」字，結果半個月不到就死了。還有的極度恐懼，乾脆服毒或跳樓了，病沒讓他死，他自己先把自己折騰死了。總之怕得越厲害，死得越快！可有的人不怕死，看透人生、超脫世俗，橫下心想：「我就這三四年可活，還害怕啥？怕也沒用！」於是乾脆豁出去，抓緊時間享樂，活一天就快活一天。這是怎麼辦到的呢？房子賣掉，拿著錢旅遊世界各地。風景名勝看個夠，哪裡好玩就去哪裡，什麼好吃就吃什麼！越玩越開心，不知不覺一年過去了，不但沒死，去醫院一檢查——癌細胞全沒了。

瓦倫達——美國有名的走鋼索藝人，他憑藉超群的技藝，穩健的身手，深受觀眾的喜愛。有一次，他應邀為一批尊貴的客人表演。瓦倫達深知只要表演成功，他的知名度將在上流社會大大提升，因此他非常重視此次表演，在表演前幾天就開始詳細構思演出的所有細節，甚至連謝幕的動作都排演了好幾遍。然而演出當天，他上臺後只做了幾個簡單的動作，就不幸摔下鋼索，不治身亡。

演出失敗後，他的妻子說：「我知道他肯定會出事，因為他在出場前總是說，『這次太重要了，不能失敗』。但是以前的成功表演，他只是想著走好鋼索就可以了，根本不去管這件事可能帶來的一切後果。」正是這位走鋼索藝人對演出成功極度的渴望，才讓他無法真正將心思放在走鋼索上，最後從高處墜落而失敗。後來，心理學家們將這種因渴望成功或者恐懼失敗而造成的心理壓力稱為「瓦倫達心態」。

有句俗話叫「怕什麼來什麼」。你越是害怕失敗，嘗到失敗苦果的機率就越高；你越想得到某件東西，往往就越難以得到。人們在面對重要的事情時，都會出現這種心態，由此還會常常表現出情緒煩躁、焦慮，並伴有胸悶頭暈等生理反應，嚴重時還可能瞬間失去記憶。

在這個世界上，一切都可能發生。我們在面試、考試、談判時經常遭遇命運般的「滑鐵盧」。事後我們總會問，是準備不足？能力不夠？還是運氣不好？其實，大多時候是因為滿腦失敗的想法導致如此。

世間萬物的規律就是陰陽對應、互相轉化，好事會轉變成壞事，壞事也可能是好事的開始。一個人失敗了，發熱的頭腦被澆了一盆冷水，他才能靜下來深思自己的路子對不對，辦法行不行，才願意面對自己的缺點，調整自己的策略。正因於此，當他重新上路時，自然就能做得更好。

無論得意還是失意，我們都應該保持一種平和理性的心態。如果一個人能做到寵辱不驚，那麼這個人比較有可能成功。哪怕是做一個鄉下種田的人，都會有一個好收成！

現在你也許要問，有沒有什麼辦法讓「瓦倫達心態」永遠不要靠近我們？其實，要想擺脫「瓦倫達心態」也很簡單。

一、平常心

看到這裡你可能覺得有些好笑，想說怎麼可能？是的，當我們面對一些決定我們命運的問題時，怎麼可能會有平常心？如果你真的要這麼想，那麼你只能成為第二個「瓦倫達」。

一件事情的成功本身就是「謀事在人，成事在天」，我們能做的，只有盡力做好。我們生活中受到了太多「這次一定要成功」的教育，其實通往成功的道路怎麼可能就這「一條」呢，大可不必過於看重，我們只需盡力發揮就行了。

二、心理定位

如果你有八十分的能力，就不要刻意追求一百分的結果，做到八十分就是成功的。而當你的目標定到一百分，那麼你就會承受更多的「壓力」去追求一百分。如果壓力是你不能承受的，那麼你可能連八十分都拿不到。

有這樣一則故事，從反面說明心理定位對我們有多麼重要——

一七九六年，十九歲的高斯在德國哥廷根大學就讀。每天，高斯要做完導師出的三道數學題。有一天，他在做一道數學題時，費盡了力氣。這道數學題是：用圓規和一把沒有刻度的直尺，畫出一個正十七邊形。因為學過的知識都不能解答這個問題，最後他只能用超常規的方法去解開這道數學題。

第二天，高斯把答案交給導師，導師看後大驚：「這是你做的？」「我花了整個通宵才做出來！」「你解開了一個有兩千多年歷史的數學懸案！」其實，這道數學題是導師一直研究的，但是他卻把這道題誤交給了高斯。後來，高斯說：「如果知道這道題兩千年來無人能解，我可能永遠也沒有信心解開它。」

三、活在當下

如果你已經有了一生的目標，那麼只要專心在當下盡力做好即可。莊子說「外重者內拙」，對於一些事情，看得太過於重要，賦予太多的意義，那麼就會因為「意義」太多，忽視了內容本身。與其為不著邊際的「意義」恐慌，不如活在當下，在過程中好好努力。

笑看世態炎涼——每個人都是趨吉避凶的「自私鬼」

原文

我貴而人奉之，奉此峨冠大帶也；我賤而人侮之，侮此布衣草履也。然則原非奉我，我胡為喜？原非侮我，我胡為怒？

譯文

我有權勢時，人們奉承我，實是奉承我漂亮的官服；我貧窮落難時，人們輕視我，其實在輕視我的布衣草鞋。原本就不是奉承我，我為何要高興？原本就不是輕視我，我為何要生氣？

曾有這樣一個令人歎惋的故事，或許你曾在某處讀過：

一個女司機開著載滿乘客的客車行駛在盤山公路上。車上三名歹徒居然盯上漂亮的女司機，強迫客車停下，要帶女司機下車去「玩玩」。女司機情急呼救，全車乘客假裝沒聽見。

只有一名瘦弱男子應聲奮起，卻被打倒在地。男子氣極，大呼全車人制止暴行，卻無人響應。任憑女司機被拖至山林草叢。半個時辰後，三歹徒與衣衫不整的女司機歸來。

車又將行，女司機要中年瘦弱男子下車。男子不肯，僵持起來。女司機說：「喂，你下車吧，我的車不載你！」中年男子急了：「妳這人怎麼不講理，我想救妳難道有錯嗎？」

「你救我？你救我什麼了？」女司機矢口否認，引得幾名乘客竊笑。中年男子氣極，恨自己身無大俠之力！救人未救成，可也不該得到被驅逐下車的結果呀，他堅決不下。

「再說我買票了，我有權坐車！」女司機揚起臉無情地說：「你不下車，我就不開。」

沒想到的是，剛才還對暴行熟視無睹的滿車乘客們，現在猶如剛剛睡醒般齊心協力轟那男子下車：「你別鬧事，快下去！我們還有事呢，耽擱不起！」有幾位力大的乘客甚至上前拖中年男子下車。直到那男子的行李從車窗扔出，他隨後被推搡而下。汽車又平穩地行駛在山路上。

車到山頂，拐過彎就要下山了，車左側是劈山開的路，右側是百丈懸崖。汽車悄悄地加速了，女司機臉上十分平靜，雙手緊握著方向盤，眼裡淌出晶瑩的淚水。

第二天，當地報紙報導：伏虎山區昨日發生慘禍，一輛客車摔下山崖。車上司機和三十名乘客無一生還。半路被趕下車的瘦弱男子看到報紙哭了。誰也不知道他哭什麼，為什麼哭。

你是否十分憎恨車裡的這群乘客？他們麻木不仁，無動於衷，裝聾作啞，確實讓人恨之入骨。但是你想過沒有——如果你也是乘客中的一員，你也恰好遭遇了這一場景，你會如何做呢？你是否會挺身而出與歹徒大幹一架？我想也未必吧，說不定你正是其中裝聾作啞的一個。

曾幾何時，「路見不平沒人吼」竟成為一種普遍現象。人們司空見慣地集體冷漠，無論是面對小偷、歹徒，還是其他一些不法分子，敢於站出來吼一聲的人越來越少。難道這只是正義的缺失嗎？心理學家經過分析發現，「路見不平沒人吼」的深層原因，是人們受到社會心理學中「旁觀者效應」的影響。

這種社會心理學現象，可以解釋為「旁觀者介入緊急事態的社會抑制」，也就是面對一種緊急事態，旁觀者越多，大家採取行動的幾率就越小，意願也就越少。正因為有其他的目擊者在場，才使得每一位旁觀者都無動於衷，希望別人站出來解決問題，自己不用承擔任何風險。

事實正是如此，我們每個人都是趨吉避凶的「自私鬼」，每個人都怕承擔責任。於是，很多人開始感歎世態炎涼。關於世態炎涼，其實並非今天才開始出現。《隋唐演義》中說：「世態炎涼，古今如此。」意思就是，不管你是哪裡人，不管你是古代人還是現代人，反正你都得承認這個「古今如此」的事實。

君不見，天橋上擺攤的算卦先生們，隨便弄把鬍子就可以充大師，糊弄貌似很精明的人們。為什麼可以得逞呢？無非還是人類趨吉避凶的本性使然。世態炎涼，正是這一本性造成。

世人趨吉避凶、嫌貧愛富是再正常不過的事情。這一與生俱來的天性，可不是讀了幾天《三字經》就可以徹底抹殺和消除得了的。如果你在這個世界上找到一個不曾趨吉避凶的人，我可以毫不猶豫地給你一百萬！可惜沒有人可以找到。假設一下，在生活和工作中，誰不希望自己得到權力和金錢呢？對於那些擁有權力和金錢的人，大眾普遍採取討好與媚俗的態度，換個角度看絕對無可厚非——重要的是，我們要用什麼樣的心態來對待這種現象。

一個人對世態炎涼感受的程度，是隨年齡大小和處境不同而變化的，絕非大家都一模一樣。我在這裡發現了一條定理：年齡大小與處境坎坷，與對世態炎涼的感受成正比。年齡越大，處境越坎坷，則對世態炎涼感受越深刻。反之，年齡越小，處境越順利，則對世態炎涼感受越淡。這是一條放諸四海而皆準的道理。

當你有權有錢時，人們巴結你；當你失去這一切時，人們又都嫌棄你。這會產生一種巨大的心理落差，你會因此想不開或者憤憤不平嗎？其實，只要明白他們在意的不過是你的財富或權勢，而不是你本人，對這種現象就很好理解了，沒必要對人們態度的轉變斤斤計較，無法釋懷。

明朝嘉靖年間，福州有個人叫鄭大鈞。他考取功名後，就在南京做官。有次他回家探親，四周鄉親和當地的縣吏在幾十裡外歡迎他，每個人都來拍他的馬屁，希望能得到他的賞識，沾沾他的官氣。

後來他得罪朝廷大員，丟了烏紗帽，貶回老家務農。這次，鄭大鈞發現沒有一個人迎接他。朋友們見了他都繞著走，生怕沾上他的晦氣。還有不少人，聚在他的身後，指指點點笑話他：「看，被朝廷一擼到底，光溜溜地回來了！」還有人說：「我早知道他不行，沒有當官的命！」

鄭大鈞一笑置之。沒多久，朝廷查明他被小人陷害冤枉，於是對他重新啟用。當府台的文書送到村裡時，消息又一次迅速傳開。這回，人們都不好意思上門了，原先棄他而去的那些好友，見他騎著高頭大馬從身邊經過，尷尬地用袖子遮住臉，羞於跟他見面。但鄭大鈞已看透世態人情，不僅不對他們輕薄憎恨，反而主動下馬，將一些不方便帶走的傢俱、書籍等日常用品贈送好友。

對於人情冷暖、世態炎涼，鄭大鈞的態度就很超然。他知道人們諂媚的是他的權勢，討厭的也是他的窮酸身份，而不是他本人，所以為何要因此而得意或生氣呢？如果你能用寬廣的心胸來包容別人，也就避開了世態炎涼對自己的「傷害」。

那麼，我們如何才能對世態炎涼懷抱一種超然心態呢？《菜根譚》中說：「人情世態，倏忽萬端，不宜認得太真。堯夫云：『昔日所云我，而今卻是伊，不知今日我又屬後來誰？』人常作如是觀，便可解卻胸中罥矣。」意思就是，人情冷暖世態炎涼，真是錯綜複雜瞬息萬變，所以對任何事都不要太認真。宋儒邵雍說：「以前所說的我，如今卻變成了他；還不知道今天的我，到頭來又變成什麼人？」一個人假如能經常抱著這種看法，就可解除心中的一切煩惱。

當你離開原來有實權的工作職位時，也會遇到這種情況——以前常登門做客的朋友和下屬不來了！路上碰到熟人打招呼的時候，對方不像以前熱絡了！去其他地方辦事時，也不如以前順利了。有些人因此就想不通，覺得那些人全是勢利眼，「原來以前都是衝著我手中的權來的啊，拍的都是馬屁，都是騙人，他們根本不尊重我這個人！」有這種想法的人不在少數，甚至有人更加瘋狂玩弄權力，犯下後悔莫及的錯誤。

當我們遇到這種情況時，該怎麼辦呢？就是要拿得起放得下，有一顆超然的心，理性看待人際交往中許多勢利的現象。佛家有云：「菩提本無樹，明鏡亦非台。本來無一物，何處惹塵埃。」用一顆勢利之心去看人，就會活在勢利之中。只有身在名利場，不被名利縛，保持一顆平常心，才可在擁有財富地位的同時，又不被這些東西迷住心竅。

對於世態炎涼，有個過來人曾誠實地說：「任何一個人，包括我自己在內，以及任何一個生物，從本能上來看，總是趨吉避凶的。假如我處在別人的地位上，我的行動不見得會比別人更好！」一個人如果能夠這樣思考問題，就不會受到世間的一切冷暖炎涼所影響了。

即使天塌下來，也要有一顆從容的心

原文

寵辱不驚，閒看庭前花開花落；去留無意，漫隨天外雲卷雲舒。

譯文

在寵與辱面前心態平和，像欣賞院子裡的花開花落；對於升遷得失並不計較，就像天上的雲聚雲散。

人和人之間最大的區別在於內心。內心的強大與否，決定了一個人的格局和擔當。

北宋思想家蘇洵在《心術》中寫道：「為將之道，當先治心。泰山崩於前而色不變，麋鹿興於左而目不瞬，然後可以制利害，可以待敵。」意思就是，將帥之道在於內心從容強大。泰山在眼前崩塌可以面不改色，麋鹿在面前狂舞而眼珠都不眨一下。做到了這些，才可以在危急中擺平利害，才可以列陣對敵。

可以說，凡成大事者都必須具備淡定從容的心理素質。一個人如果不具備這種心理素質，就會心神不寧、患得患失，行為舉止失去控制。這樣怎麼能在混亂中尋覓正確的出路和抓住別人都忽視的先機呢？由此可見，一個人不具備這種素質就註定無法成大事，無論在世界上如何賣力折騰，也僅僅只能自己糊口而已！

《菜根譚》中說：「覺人之詐不形於言，受人之侮不動於色，此中有無窮意味，亦有無窮受用。」意思就是，發覺別人的奸詐不要在言談中表露出來，遭受人家侮辱時也不要怒形於色。一個人有吃虧忍辱的胸襟，在人生旅程上自會妙處無窮，對前途事業也是一生受用不盡。不管對方說什麼、做什麼，我們都不要急於表露自己的反應，冷靜應對，給自己充裕的思考時間。遇到好事，我們不要得意忘形；碰到難題，也不要急得跳腳，像熱鍋上的螞蟻。如果能達到如此境界，以後不管處在什麼環境下，我們都擁有翻身的最大資本。

世界上很少有人具備天塌下來也不驚慌的心態，所以成功的人總是少數。回顧一下自己，是否在和陌生人談話時膽顫心驚？是否在一個陌生的環境中輾轉難眠？是否在與人發生摩擦糾紛時暴跳如雷？我曾見過這樣真實的一幕——有兩位司機在拐彎時車子發生了刮蹭，其中一輛車的後視鏡被撞壞了。本來是很小的交通事故，釐清責任然後賠償就是了。誰知這兩位司機脾氣都很火爆，從車裡出來做的第一件事不是有事說事，而是直接大打出手，又扔磚頭又抄棍子，都傷得不輕。結果小事變成大事，二人都進了拘留所。這就是聲色外露的表現，其實大可以平心靜氣想一想，即使自己贏了這場「戰爭」，又能獲得多少利益？如此得不償失，不如息事寧人。哪怕吃點小虧，早早離開做自己最該做的事，才是聰明人的選擇！

人際交往過程中，那些心理素質超強的交際高手總能在短短三分鐘內讓陌生人成為朋友，而那些心理素質較差的人遇到陌生人總無法做到從容，他們拘謹、膽怯，不知如何攀談，原本準備好的開場白忘得一乾二淨。在這種不良心態的影響下，一個人要想做點什麼事，那真是難上加難。

我們應該如何避免因怯生而造成的尷尬局面呢？這裡提供幾種方法，不妨一試：

一、問話探路法

把對方假設成一般過路人，然後像問路一樣，找一些自己心裡有數卻佯裝不知的問題請對方來回答，這樣你就取得了話語上的主動。無論對方的回答對與錯，你均需認真地洗耳恭聽，即使對方說錯了，你也應該「將錯就錯」地表示謝意。

一旦雙方對話的閘門打開，原先那種陌生感就會自然消失。通常情況下，沒有人會惡意拒絕一個虛心請教者。只要對方願意搭你的話，你所預期的社交目的便已經成功了一半。不過，問話探路法只適用於和一個陌生者搭話，若和一個團隊接觸，則不適用。

二、輕鬆探微法

和一個陌生人初識，有時只需抓住對方工作或生活的某個細節，就會很順利地叩開雙方溝通之門。

仔細觀察你身邊的陌生人，看看他們是否有比較特別的地方，比如對方穿著上是否有異國風情的配飾，比如對方使用的手機款式讓你非常青睞，比如對方用的物品牌子……談論這些細節可能立刻吸引對方的興趣。

聊天最好選擇節奏感比較輕鬆明快、無需費神思量的話題，這樣就不會讓人對你的搭話產生反感。有時候，即使無語，只需向對方投以會心的一笑，也會拉近彼此距離。

俗話說：「一回生，兩回熟。」第一回你就怯生而不語，何來第二回的相熟？要想儘快和一個陌生人相熟，不說話是不行的，但也要看怎麼說。面對你一言我一語的探問，可千萬別忙著去應答，因為你還沒答完一個問題，第二個、第三個問題又在等著了。那麼，怎樣才能把握好與陌生人對話的契機呢？有幾種開門見山的「開場白」，你可以試著用。比如「初來乍到，請大家多關照」；比如「今後我們要一起共事了，我有什麼不妥之處，還請各位包涵」；比如「作為新人，能得到大家如此熱情招待，真讓我非常感恩」，等等。

災禍和窮困往往是鍛鍊英雄的爐錘

原文

橫逆困窮，是鍛鍊豪傑的一副爐錘。能受其鍛鍊，則身心交益；不受其鍛鍊，則身心交損。

譯文

災禍和窮困就是鍛鍊英雄豪傑心性的熔爐。只要能夠經受這種鍛鍊，那麼身心就會有質的飛躍；相反，承受不了這種鍛鍊，那麼對身心來說會是一種損害。

在蒼莽的草原上，長頸鹿媽媽剛生下小長頸鹿，但並沒急著去照顧，而是抬起大長腿，踢向自己的孩子。小鹿由於剛剛出世，翻了一個跟頭，四肢攤開。這個時候，如果小長頸鹿不能站身起來，長頸鹿媽媽就不斷重複地踢，直到小長頸鹿站立起來為止。當小長頸鹿用顫抖的雙腿站起，鹿媽媽會再一次將小長頸鹿踢倒。

為什麼長頸鹿媽媽要如此殘忍？

事實上，這正是長頸鹿媽媽更深刻的愛之體現。因為要讓孩子自己站起來，只有這樣才能培養牠們的獨立性，磨練牠們的意志！在大草原上，獅子、狼等野獸都喜歡小長頸鹿，如果長頸鹿媽媽不教會自己的孩子儘快站起來，那麼牠們很快就會成為野獸口中的美餐。

失敗對強者是逗號，對弱者是句號。小長頸鹿們從屢屢受挫的困境中學會了生存的本領，而我們又能從困境中學會什麼呢？可以說，困境就像一個寶庫，只要你想學，它總有取之不盡用之不竭的智慧。不會從困境中吸取教訓的人，成功是遙遙無期的。對於一個渴望成功的人來講，就應該在困境中鍛鍊自己，使自己成為一名真正的強者！

在很久很久以前，有個國王很為繼承人發愁，因為他只有一個女兒。所以他決定召開一個選婿大會，選出一位最勇敢的青年，讓他和公主結婚並繼承王位。聽到這個消息，全國的適齡青年都趕到首都，準備參加大會。但誰也沒想到，國王出了一個非常可怕的題目來考驗大家——跳下滿是鱷魚的池子，游到他面前的人才可以娶公主。

雖然誘惑很大，但是鱷魚也很可怕啊！大家面面相覷，就是沒人敢下水。突然，一個年輕人「撲通」一聲跳入水中，飛快地向國王游去，好幾條鱷魚緊緊地跟在他的後面。但年輕人游得飛快，有驚無險地爬上了岸。國王非常開心，拉住他說：「你是全國最勇敢的人，我要把女兒嫁給你，現在，說說你的心情吧！」年輕人感謝了國王，然後衝著人群大罵：「誰他媽的把我踢下去的！」

這只是個笑話，但鱷魚確實是提高游泳能力的好幫手，許多猛士就是在如此困境下產生的。有一個游泳教練的成功秘訣就是在訓練池裡放幾條綁住嘴巴的鱷魚。隊員們看到鱷魚就在自己身後，游泳速度呈直線上升。為什麼呢？這是因為人在困境中才會爆發驚人的力量。

在挫折和磨難面前，我們究竟該如何選擇？是退縮，還是勇往直前？面對心儀的另一半，你是否感到緊張，原本準備好的表白在緊張情緒中化為烏有？面對職場上的競爭對手，你是否把機會拱手讓給了別人？

如果是這樣，那你真的是欠缺一顆勇敢的心！因為你會因此失去原本屬於你的職位，失去一位很不錯的人生伴侶，失去一次大展宏圖的機會，也許你會因此偏離原本屬於你的一條成功道路……每個人都會犯錯，但我們絕不能因為怕犯錯，就什麼也不做，那可是枉活一世！一個勇敢的人，不會害怕艱難困苦的磨練。如果因為困難而不敢行動，就像鴕鳥一樣把頭埋在沙堆裡，看上去好像一生從來沒有遭遇過危險，但這恰恰是最大的危險——碌碌無為、一事無成，難道不是人生中最大的危險嗎？

平靜的湖水怎能練就精悍的水手？安逸的生活怎能造出時代的偉人？所以對我們每個人來說——需要的不是平靜，而是挫敗！只有這樣，你才能在泥濘而曲折的道路上昂首挺胸，強大起來！

蓮花生於污泥，光明生於黑暗

原文

糞蟲至穢，變為蟬而飲露於秋風；腐草無光，化為螢而耀采於夏月。因知潔常自污出，明每從晦生也。

譯文

糞土中的幼蟲是最為骯髒的，可是牠一旦蛻變成蟬，卻在秋風中吸飲潔淨的露水為生；腐敗的草堆本身不會有光澤的，可是它孕育出的螢火蟲卻在夏天月夜裡閃耀熒螢光亮。從這些自然現象中可以悟出一個道理，那就是潔淨的東西出自污穢之中，而光明在黑暗中孕育。

「為什麼黎明前的黑暗總是最黑、最暗的？」學生們一個個抓耳撓腮，卻沒有一個人回答這個問題。

一個女孩則不假思索地寫道：「因為光明就要來了，黑暗使出最後的力氣，但它終究是敵不過光明的。」另一個男孩則冷笑著寫道：「因為黑暗想要吞噬光明，想要籠罩整個大地。傍晚過後，黑暗總歸將至。」

「其實每個人心裡都有一個天使，只要你去慢慢瞭解，就會發現光明一直在你身邊。」女孩繼續寫道。

「其實每個人心裡都有一個黑洞，那個洞又黑又深，它將指引你走向黑暗。」男孩繼續寫道。

由於不同的人生觀，男孩和女孩長大後有了不同的人生走向。長大後的女孩成為一家外商公司的副總裁，而男孩長大後則與黑幫流氓混在一起，最終淪為囚犯。

這位女孩堅信黑暗中孕育光明，所以從不墮落悲觀。而男孩則認為黑暗深處是更深的黑暗，於是真的墮入人生絕境。有句很經典的話說：「蓮花生於臭泥，光明生於黑暗。」我們要讓自己懂得這一古老的辯證哲學。再美好的東西，也無法脫離它生長的環境而獨自存留。光明也總是隱藏在黑暗之中。如果我們總是一味排斥黑暗，那麼就只活在自己的白日夢中，永遠找不到自己夢中的那個理想天堂。

心理學家馬斯洛說：「一個人面臨危機的時候，如果你把握住這個機會，你就成長。如果你放棄這個機會，你就退化。」古今成功人士，都是在艱難困苦中抓住一個重要機運，從而迅速成長起來的。

著名演員周星馳，用他搞笑的作品和高超的演技，在數十年的時光裡，影響了整整幾代人。但很少有人知道，周星馳剛出道的時候，在片場只是一個小小的龍套。而且一跑就是好幾年，總是被人瞧不起，被人辱罵。劇組裡的人，幾乎每個人都可以衝他指手畫腳。那幾年，可以說是周星馳最黯淡的時光。

換作你我，肯定灰心喪氣，用不了多久就轉行，徹底離開這種打擊自尊的電影行業。但周星馳沒有這麼做，他只是耐心等待。終於在一九八九年，他獲得參演電影《霹靂先鋒》的機會。從這部電影之後，周星馳一發不可收，相繼演了多部火爆電影，最終成為華人電影界當之無愧的第一喜劇明星！

事實正是如此，失意不可怕，可怕的是失去自己！困境對每個人來說，都是一種充滿機運的挑戰。光明來臨之前的夜空，也總是最黑暗的時刻；看似無人問津的古墓裡總是埋著最珍貴的寶貝。關鍵是，你自己會做出怎樣的決定？是奮勇前行，還是遇到挫折就茫然退縮？如果你退縮，黑暗的影子很快會把你吞沒，從頭到腳，連一個腳趾都不剩。

而迎難而上、堅持到底的人，無一例外都獲得了成功。這幾乎是顛撲不破的真理。

這個道理之所以無數次地應驗，不外乎有以下幾個原因：

一、人只有摔了大跟頭，才肯進行徹底的反思。所以，失敗反而利於找到不足，彌補自身的缺陷。

二、處於低谷的人由於一無所有，頭腦最大限度地保持清醒，方向更加明確，行動更加堅決。

三、已經是最壞的局面了，再糟還能糟到哪兒去？這時心態反而放鬆、沒有顧慮，更利於激發全部的潛力。

人世間的很多東西，都不能單一地看待，要學會辯證的方法。《菜根譚》中說：「淨從穢出，明從暗生。」意思就是，清潔與污穢是相對的，清潔中未必沒有腐物，污穢中未必不出有益的東西。為人處世，要辯證地看待成功和失敗。

希望每一個摸爬滾打的朋友，都不要在黑暗中迷失自己，都能找到屬於自己的成功！如果你正遭遇巨大挫折，或者遇到讓你傷心的難題，不妨給自己一種輕裝上路的心態——我已經沒什麼可失去的了，還有什麼可顧慮的呢？然後，你很快就會發現原來鑽石就在眼皮底下！

Chapter

7

金自礦出，玉從石生——武林高手是這樣煉成的

香港武打電影看多了，就會發現武林高手們大都有一個共同的經歷——先是在江湖中遭遇厲害的對手，被人家打得落花流水，小命差點都報廢了。於是逃往深山洞中，開始了漫長而艱苦的修煉，終於練成絕世武功重出江湖，從此天下無敵！

性躁心粗的人一事無成

原文

性躁心粗者，一事無成；心和氣平者，百福自集。

譯文

性情急躁、粗心大意的人，最後沒有一件事情能夠做得成功；心地平靜、性情溫和、默默努力的人，各種福分都會彙集到他的身上。

當全社會都奉行「豪宅、名車、年入百萬」的成功標準時，每個人都將不可避免地陷入追求成功的浮躁中。置身如此浮躁氛圍之下，我們很難讓自己的這顆心平靜下來。我們不知道這種標準正確與否，唯一可知的是，大家都在追求這些東西。潛能開發、人脈拓展、身心平衡、執行力、細節、溝通、行銷、感恩、勵志、提升……我們用盡了所有的方法和詞彙來表達迫切成功的心情。

在當下浮躁社會，我們急功近利，幻想一夜暴富。在大多數城市的週末或者傍晚，你經常會看到很多上班族忙忙碌碌。他們在某棟大樓的會議室裡、某個酒店的大廳裡，熱忱地參加培訓、講座、沙龍。在電梯裡，我們也經常可以聽到這樣的對話：

「李老師上次講的什麼課啊？」

「如何在三個月裡賺到一百萬。」

「天啊！我沒有聽到。」

「不要緊，下星期還有一個分享會，李老師會和他的弟子一起來分享心得。」

這就是很多人正夢想的事——透過一次培訓或經驗分享，就可以「在三個月裡賺到一百萬」，哪怕沒有，賺到五十萬、十萬也是物超所值。

許多人看到周圍人都成功了，於是恨不得自己也立刻站到人生的領獎臺上。整天幻想一步登天，眼睛盯著空中樓閣——這樣一來，越是急於成功，反而越會失敗。

相信大家都有過買彩券的經歷，幻想好運天降，突然中頭獎。但事實上，世界上能有多少人中頭獎，一夜暴富？又有多少人能一夜成名，從此高枕無憂？要知道，壘個窩還要一磚一瓦地去堆砌呢！漫長的人生之旅又怎能一蹴而就呢？

許多人不停地跳槽，換行業，在某一領域學了點皮毛，就自以為了不起，然後急著創業，嚷著去幹大事。結果三年兩年，失敗而歸。總結教訓，就是一個「躁」字惹的禍。

你不可能戀愛兩天就結婚，生孩子還需要十月懷胎呢，何況我們一生要做的事業？走小路抄捷徑，即便可收一時之效，也終究成不了大氣候。

有一家公司CEO，他經常在發給員工的電子郵件中寫道：「學會慶祝每一個小小的勝利，為贏得日常的戰鬥而欣喜。因為正是你們每個人的小成功，才鑄就了公司的大成功！」這位CEO此舉的目的，就是讓員工摒棄好高騖遠的浮躁心態，明白腳踏實地的意義。

孔子說：「無欲速，無見小利。欲速則不達，見小利則大事不成。」越是急於求成，心態就越是浮躁，在執行過程中就越容易出錯。對於性躁心粗的人來說，一定要牢記——車開快了會發生交通事故，人生過於浮躁，同樣一事無成。

先在洞中修煉，再來決一死戰

原文

語云：「登山耐側路，踏雪耐危橋。」一耐字極有意味，如傾險之人情，坎坷之世道，若不得一耐字撐持過去，幾何不墮入榛莽坑塹哉？

譯文

俗話說：「登山要耐得住斜坡的考驗，踏雪要耐得住危橋的驚險。」面對兇險的人情、複雜的社會，假如不靠「耐」字支撐，有幾人能不掉到草木叢生的深溝裡呢？

小時候，我最喜歡看香港武打電影。看得多了，我發現武林高手們大都有一個共同的經歷——先是在江湖中遭遇厲害的對手，被人家打得落花流水，小命差點都報廢了。於是逃往深山洞中，開始了漫長而艱苦的修煉，終於練成絕世武功重出江湖，從此天下無敵！

從一個武林高手的成長經歷中，我們可以看到的是努力和忍耐！一個浮躁沒有耐性的人，是絕對練不成武林高手的，他能學到的也只能是花架子而已，來到「江湖」上，只有被人嘲笑和欺負的份！我們既然都羨慕武林高手的功夫，就該好好去學習人家忍耐的意志和拼搏的精神。

凡成大事者，沒有一個不曾閉關修煉的。一個人只有埋頭，才能出頭！埋頭是出頭的前奏，為出頭做積累、做準備；出頭是對埋頭的回報和獎賞。那些看似一鳴驚人的人們，大都是在長期的默默努力之下，以心血汗水乃至生命為代價才換取成功的。可以說，不想埋頭，只想出頭，永遠不會成功。每一個優秀的人，都經歷過一段沉默的時光。那段時光，他們付出了很多努力，忍受了太多孤獨和寂寞，但他們從來不抱怨不訴苦。一旦日後說起，這是一段連自己都能被感動的日子。

隋朝末年，隋煬帝楊廣十分殘暴，各地農民起義風起雲湧，隋朝許多官員紛紛倒戈，轉向幫助農民起義。因此隋煬帝的疑心很重，對朝中大臣，尤其是外藩重臣，更是易起疑心。

唐國公李淵（即後來的唐高祖）曾多次擔任中央和地方官，所到之處，悉心結納當地的英雄豪傑，多方樹立恩德，因而聲望很高，許多人都來歸附。於是，大家都替他擔心，怕遭到隋煬帝的猜忌。正在這時，隋煬帝下詔讓李淵到他的行宮去晉見。李淵因病未能前往，隋煬帝很不高興，多少產生了猜疑之心。當時，李淵的外甥女王氏是隋煬帝的妃子，隋煬帝向她問起李淵未來朝見的原因，王氏回答說是因為病了，隋煬帝又問道：「會死嗎？」

王氏把這消息傳給了李淵，李淵更加謹慎起來，他知道遲早為隋煬帝所不容，但過早起事又力量不足，只好隱忍等待。於是，他故意敗壞自己的名聲，整天沉湎於聲色犬馬之中，而且大肆張揚。隋煬帝聽到這些，果然放鬆了對他的警惕。這樣一來，李淵才有後來的太原起兵和大唐帝國的建立。

當你的實力支撐不起你的野心時，就請隱藏起來默默努力吧！《論語》中說：「小不忍則亂大謀。」我們一定要清醒地認識到——忍耐並非軟弱，而是一種策略，讓我們有足夠的時間來養精蓄銳，這是對命運的默默挑戰。忍耐不但不窩囊，反而很明智。不可否認，隱忍也是一種力量，一種讓你由弱變強的智慧。西方哲學家柏拉圖說：「耐心是一切聰明才智的基礎。」當你明知自己還是雞蛋的時候，何必非往石頭上砸？不如先躲藏在洞中修煉，修煉成武林高手之後，再出來決一死戰！

問問自己，你有這樣的勇氣嗎？為了實現一個目標，不惜放低自己的身價，不惜讓自己過一段苦日子。

我們常會看到有的人在不起眼的職位上默默努力著，但突然有一天魚躍龍門，跳到一個更高的位置上，遊刃有餘地承擔起更關鍵的工作。而另一些人多年來為什麼還坐在那個固定的小椅子上？原因就是當他們同時領著極少薪水時，一個在埋頭積累使自己終身受益的經驗、增強自己的做事能力，並且開展長遠的發展空間，而另一個卻利用一切業餘時間玩樂，在碌碌無為中錯過了機會。

在現實生活中，不是每件事都令我們稱心如意，也不是每個人都讓我們看著順眼，總會有煩躁、抱怨或者憤怒的時候。這時我們要咬牙忍住，經得起溝溝坎坎的考驗。如果動不動就情緒衝動，沒有一點耐性和肚量，這樣就算成功來到你身邊，也會被你這副「尊容」嚇跑！

現實不認可學歷，只認可切實的經驗和努力

原文

磨礪當如百煉之金，急就者非邃養；施為宜似千鈞之弩，輕發者無宏功。

譯文

磨礪自己的意志應當像煉金一樣，反覆鍛鍊才能成功，急於求成的人，還不具備高深的涵養；做事就像使用千鈞之力的弓弩一樣，經過努力才能拉動，如果輕率地做事，就不能建立宏大的功業。

有位剛畢業的名校大學生應聘到一家民營企業，而且他還是這家公司中學歷最高的人。一天，他到公司後面的池塘去釣魚，剛好公司裡的兩位主管也在。他們正一邊聊天，一邊釣魚。大學生簡單地向兩位主管打了個招呼，然後想：「這兩個沒有文化的土包子，有什麼好聊的呢！」

過了一會，一位主管內急，放下手中的漁竿，蹭、蹭、蹭幾下，從水池上跑到對面的廁所。剛來的大學生大吃一驚，莫非這是傳說中的水上漂？這個主管上完廁所歸來，繼續釣魚。過了一會，第二位主管也出現內急，蹭、蹭、蹭幾下，也踩著水到了魚池對面。大學生懵了，為何主管都有水上行走的功夫？但好歹自己是名校畢業生，不好意思去問個究竟。

沒過多久，大學生像被傳染一樣，也出現內急。池塘兩邊有圍牆，要想到對面的廁所，需要繞走十分鐘的路，而回辦公室上廁所，路又太遠。怎麼辦？大學生實在憋不住了，也起身往水裡跨，心想：「我就不信這兩個土包子可以過的水面，我堂堂一個大學生過不去！」

只聽「咚」的一聲，大學生栽進了魚池。兩位主管急忙把他從水中撈出，關切地問：「為什麼想不開要往水裡跳？」大學生苦著臉說：「為什麼你們可以過去，而我卻不能？」兩位主管相視而笑，說：「你有所不知，這個池塘原來有兩排可以走到對面的木樁。這些天由於下雨，水面暴漲，看不到了。但我們都清楚木樁的具體位置，所以可以踩著過去，而你怎麼不問一聲就往水裡跳呢？」

這個故事說明什麼道理呢？很顯然，是積累經驗的重要性。一個人的學歷再高，只能代表過去，並不意味著能力也同樣如此。一個人只有不斷總結經驗，才可少走彎路，順利成功。而現在胸懷大志的年輕人，總是憑著一股闖勁，在這個世界上疲於奔命，最終的結果往往是一無所獲。他們不知道，唯有多積累經驗才能將自身的綜合能力提高，才能把自身的格局做大。

一個人能否把事情做好，不僅靠智商和能力，更需要經驗積累。如果有兩個人做同樣一件事，一個是智商一般但做了十年的普通人，另一個是在該領域毫無經驗的聰明人，如果他們比賽的話，你認為誰會取勝？毫無疑問，前者肯定獲勝，否則就不會有「熟能生巧」這個詞了。

張鈺在讀大學時，學的是市場行銷，加上自小就對時裝感興趣，所以在大四還沒畢業的時候，她就有自己開一家服飾店的想法。由於家裡經濟條件不錯，父母也很支持，於是提供她所有的創業資金，而且所有的批貨、稅務、財務、店面的裝潢都是父母親手幫她操辦的，她唯一需要做的事情就是等著開店就可以了。張鈺認為自己找到了施展才華的舞臺，發誓要大幹一場，三年內開五家分店，掙夠自己人生的第一個一百萬！

但開業還不到三個月，張鈺就開始打退堂鼓了。每天沒有幾個客人光顧，別說賺錢，每天賣的錢，連交房租都不夠。如果不是父母支持，早就喝西北風了。而張鈺的隔壁，也是一個女孩自己開的服裝店，每天都是顧客不斷，而且走進她店裡的顧客幾乎都會買店裡的衣服，很少有人空手離開。

張鈺很是納悶：論學歷，自己是大學生，而那個女孩只是初中畢業；論口才，自己還算能說會道，而那個女孩講話還很俗；論長相，自己還算得上是美女，而那個女孩只是長相普通……憑什麼她店裡的衣服就賣得比自己店裡好呢？

有一天，張鈺實在忍不住了，就攔住從女孩店裡買完衣服的顧客，生氣地問：「我的店裡有和她一模一樣的衣服，價格也都一樣，為什麼你買她的，而不買我的？」顧客笑著說：「我已經是她的老顧客了，她一看就知道我適合哪件衣服，而且她推薦的每一件衣服，我穿在身上別人都說漂亮，但是我來你店裡選衣服，你推薦給我的都是不適合的，所以我感覺買她家的衣服更放心。」張鈺聽了顧客的話，雖然很傷心，但是確實有道理。隔壁女孩的店依然生意紅火，自己的店卻冷冷清清，半年後，她就關門停業了。

事實正是如此，現實是不認可學歷和激情的，只認可切實的經驗和踏實的努力。為了積累更多的經驗，我們需要調整工作的態度。

對真正聰明的人來說，並不是以賺錢多少作為衡量工作的唯一標準。以薪水多少來選擇自己的工作，無疑是目光短淺的行為。

安・傅潔在商學院畢業之後，接受了薪酬最低的工作。幾年後最終成為楊・羅必凱公司的CEO。面對採訪，她說：「你不能只是從賺錢多少來選擇自己的職業。我當然希望能多賺錢，而且這份工作也的確給我帶來了不錯的收入，但如果只是按照賺錢多少來選擇職業，我會踏上一條完全不同的道路！」

如果你是一個志向遠大的人，奉勸你千萬不要太在乎自己的學歷，也不要關注太多眼前的東西，要學會放眼未來，避免陷入短視的誤區。要記住，工作不只是掙錢，而是掙未來。工作不僅意味著生存，更意味著發展，就像射擊運動員一樣，關注的永遠只有一個靶心。你必須清楚，找工作就是尋找適合自己的行業，而不是今天要賺取多少錢。

假如你有雄心壯志，想要做出一番事業，那麼請先在工作中積累經驗！只要你能在工作中提升自己，為將來的自我發展做好準備，便是最大、最好的回報。這樣才能在賺取生存資本的同時，使自己的人生價值得到體現，未來的藍圖也會在工作中明朗起來。

不要做只想要金子卻不理會礦石的人

原文

金自礦出，玉從石生，非幻無以來真；道得酒中，仙遇花裡，雖雅不能離俗。

譯文

黃金從礦山中煉出，美玉從玉石裡磨成，不經歷空幻就不能得到真理。道從酒杯中悟出，神仙也許能在聲色場所遇見，再雅的事物也離不開俗的基礎。

記得有一個鼓勵青年創業的電視節目，請來成龍分享。成龍說，自己年輕的時候，有一天晚上和元彪一起拍一個鏡頭，就是兩個人從牆頭往下跳，跳得腿都疼了。這時導演問，有沒有事？成龍和元彪忍著痛，說沒事沒事。因為一旦說有事，第二天就沒有工作了。好不容易拍了十幾次，終於通過了。這個時候，分到了一天的工錢，兩個人躲在牆後數了數，每人是三十五塊……講到這裡，成龍的眼淚都流出來了。

《菜根譚》中說：「金自礦出，玉從石生。」每一個成功人士都是經過艱苦修煉而來的，就好像礦石不經過冶煉就不能成為黃金，玉石不經過雕琢就無法成為美玉一樣的道理。每個人都應該明白，既然我們喜歡黃燦燦的金子，就要忍受煉金的過程，沒有人可以隨隨便便成功，我們又怎能輕易省略掉拼搏的過程？

努力到無能為力，拼搏到感動自己！面對人生殘酷的挑戰，我們必須勇敢面對、迎難而上。不然，我們就是一個懦弱的人，一個缺乏堅強意志的人，一個在困難面前認輸的人。這樣的人必定與成功無緣，無論做什麼都將一事無成。要知道，一個只想得到金子卻不把礦石看在眼裡的人，其實就是一個「聰明」的傻子。真正聰明的人，都懂得下笨功夫。

日常的工作雖然平淡無奇，但就像蘊藏金子的石頭一樣，我們只有在其中經受千錘百煉，才能成就偉大事業。

一個人要想取到真經，就要經受九九八十一難。唐僧師徒前往西天取經的故事，我們都已耳熟能詳，但是其中的道理很多人還是沒有悟透。很多人仍然只是追求結果，而忽視美好事物產生的過程，不肯付出一絲一毫的努力，只幻想坐享其成。這種浮躁心理是非常危險的，因為這只是公子哥的浪漫想像。如果你沒有含著金湯匙出生，做這樣的夢就是不可原諒的。你一定要明白：朱元璋不可能生下來就是大明皇帝，他必須經受乞丐、和尚身份的轉換和煉獄！在他是和尚跟乞丐的時候，認識他的所有人都沒有想到他能夠達到皇帝的位置！也許他自己在最初也沒有料想到，但是他每天都在默默努力著，他的付出換來了光輝耀眼的結果——一個金燦燦的王冠！

標新立異沒有錯，但別在陰溝裡翻船

原文

鶩奇喜異者，無遠大之識；苦節獨行者，非恒久之操。

譯文

做事喜歡標新立異、嘩眾取寵的人，一般沒有高遠的見識；一個自命清高、特立獨行的人，操守也沒辦法保持長久。

人的本性總是喜新厭舊，正如那句老話說的：「新不如舊」。當我們要踏入一個新的領域，投入新的生活的時候，一定要有理性的分析和周密的安排，要從大局出發，從長遠的利益考慮。只有這樣，我們所謂的標新立異才會真正體現它的價值，否則就會把自己深深陷入，得不償失。

明朝洛陽有個商人，一輩子都在經營綢緞生意——把南方的絲織品倒賣到北方，賺取差價。當時南方是全國奢侈品生產中心，量大質優，這項生意雖然奔波辛苦，但盈利一直很穩定。

商人快六十歲的時候，得了一場重病，臥床不起兩個多月。臨死前，他把所有生意都交到二十幾歲兒子的手中，囑咐道：「江南盛產佳絲已經兩千年，這是門絕不虧損的生意，你一定要把它守住，一代代地傳下去！」說完商人就斷氣了。

這位少東滿口答應，起初也是謙遜地向店裡的夥計請教，還親自跑了一趟江南，跟當地的作坊主套交情。可父親下葬還沒半年，少東就開始瞎琢磨了，他想：現在關外匪賊作亂，官軍急需優良馬匹，兵部也下文，重金求馬。這可是地地道道的暴利生意，一匹好馬抵得上十匹絲綢！恰巧，他剛結識了一個從關外回來的馬匹商人，正好買馬也有門路。想到這裡，他就真的動心了，迫切想做成這門生意。

在家人和夥計的強烈反對中，他變賣了綢緞莊，成立一家馬社，拿著錢和那位馬商一起到關外草原買馬。誰知剛到關外，就遇上了劫匪。幾十萬兩銀子被搶個精光，不僅於此，少東在搏鬥中還賠上了性命。這家生意紅火的商鋪，由於失去繼承人，從此就銷聲匿跡了。

少東標新立異，一心想幹大事，這個志向值得肯定。但他忘了，做生意不但要考慮盈利，還要考慮風險。當時關外連年混戰，事實上已經處於無政府狀態。販馬雖然賺錢，但要冒著被土匪劫殺的生命危險。事實證明，這位少東「創新」的想法很好，最後的結果卻很糟糕，連小命都賠上了。

做生意當然需要求新求變，一直活在過去的框架內，永遠不去突破，早晚會變得暮氣沉沉。但我們要牢記的是——絕不能只刻意求變，跟舊的東西完全劃清界限。凡是創新，都意味著冒險，如果不經過縝密的調查，不制定詳細的計畫，不做最充分的準備，就很可能新機會沒把握住，原有的本錢也全丟了。

在這個世界上，我們常見到標新立異和嘩眾取寵的人。他們大都是刻意搞怪，處於自我幻想中，制定的策略並不具有可行性。這樣的標新立異者，哪怕口號喊得再響亮，也只是鏡花水月而已。

成功屬於沉默和隱忍的人

原文

伏久者飛必高，開先者謝獨早；知此，可以免蹭蹬之憂，可以消躁急之念。

譯文

潛伏很久的鳥，飛起來必能飛得很高，開得早的花，必然謝得很快；人只要能明白這種道理，既可以免除懷才不遇的憂慮，也可以消除浮躁急求的念頭。

著名作家張愛玲，曾說過一句經典的話：「成名要趁早。」這句話影響了不少二十幾歲的年輕人，他們以為趁年輕成名、成功才是王道，忘記了人生是需要踏實修煉和潛伏的。《菜根譚》中說：「伏久者飛必高，開先者謝獨早。」年少成功、成名的快事，很多時候是可遇不可求的。真正能成大事的人，往往都是厚積薄發、後發而先至。他們在年少時並不顯眼，甚至比同齡人還略遜一籌，但隨著歲月的流逝、閱歷的增加，他們漸漸顯露鋒芒，在人生的賽道上超越了他人。

德川家康是一個大器晚成的政治家。他在日本的戰國時代能夠成功，關鍵就在於能夠做到默默地積攢實力。雖然成名很晚，但他的每一步都走得很堅實。青年時代不當出頭鳥，也不主動消耗實力，而是抓緊時間提升自己的政治軍事經驗，蓄力待發。在他年輕時，當時最風光的人物是織田信長；到他壯年時期，豐臣秀吉獨領風騷。而他總是那個不被人注意甚至有些被人瞧不起的人。

後來，狂極一時的豐臣秀吉因為好戰冒險，派兵挑戰當時無比強大的中國明朝。明朝派出精兵強將，豐臣秀吉不堪一擊，遭到史無前例的慘敗，隨之病死。這時，已經「潛伏」得差不多的德川家康橫空出世，順理成章走上歷史的前臺。一展才智，統一了日本戰國，拉開德川幕府時代的序曲。這時世人才發現，原來在過去的幾十年裡，德川家康每一年都沒閒著，一直在增強自己的實力。

德川家康有一句名言：「人的一生就像背負著沉重的行李走路，急躁不得。」這句話可以視為他對自己人生的總結。在不惑之年才登上成功舞臺的德川家康，經歷了充足的孕育，所以打下的江山持久穩定。這對我們有著很大的啟示意義。

少年成功存在運氣和偶然因素，與其相比，大器晚成則是可以追求和加以控制的。蘇東坡的老爸蘇洵，《三字經》中有一句是這樣寫他的：「蘇老泉，二十七；始發憤，讀書籍。」他當了二十七年的文盲才開始讀書，卻在歷史上留下了蘇門三父子的美名，還教出了一個大文學家的兒子。再看看神童仲永的故事，從小聰明無比，長大後卻一事無成，這不能不讓人慨歎歲月的無情。在成長過程中，時間無時無刻不在進行著優勝劣汰，它會考驗一個人的恆心、自制力，還有對未來判斷和選擇的能力。所以，少年天才並不可靠，與他們連結最多的一個詞是「曇花一現」。只有那些甘於潛伏和隱忍的人，在殘酷的競爭中才能笑到最後。

許多偉大的藝術家，他們的人生也驗證了「老當益壯，大器晚成」的道理。這些偉大人物，早年大都顛沛流離，作品不被認可，想法遭到排斥，直到晚年才受到追捧或者重視。藝術大師黃賓虹和齊白石，都是到了晚年才成名的。

老天爺總是厚愛那些沉默和隱忍的人。年輕時看到他人風光，我們不必眼紅嫉妒，只要持之以恆地努力，積極認真地做人做事，每個人都會迎來自己的成功！

認清自己的能力底線

原文

事事留個有餘不盡的意思，便造物不能忌我，鬼神不能損我。若業必求滿，功必求盈者，不生內變，必招外憂。

譯文

做事要留有餘地，莫用力太過，別做得太絕，這樣即使老天爺也不會嫉妒我，鬼神也不能損傷我。如果事事追求圓滿極致，則即便自己不出問題，也會招來外部危險。

老子在《道德經》中曾說：「持而盈之不如其已，揣而銳之不可長保。」意思是，對已貯滿的器皿，不如停止不注；寶劍打磨得過於鋒利，就不能長期保持。同理，如果一個人迫不及待地想將一件事做到完美極致，最後因過於強求，反而導致失敗。

世人往往忽視這一點，凡事總是求全求美，絞盡腦汁企圖達到終極目標，不顧個人能力的侷限。其實，不論何事都應量力而行，因為有上坡就必然有下坡，有上臺必然就有下臺的一天，事情到了一定限度必然發生質的變化。這就是「天道忌盈，業不求滿」的真義。

有一位武術大師隱居於山林中。

聽到他的名聲，人們都千里迢迢來尋找他，想跟他學些武術方面的竅門。

他們到達深山的時候，發現大師正從山谷裡挑水。

他挑得不多，兩隻木桶裡水都沒有裝滿。

按他們的想像，大師應該能夠挑很大的桶，而且挑得滿滿的。

他們不解地問：「大師，這是什麼道理？」

大師說：「挑水之道並不在於挑多，而在於挑得夠用。一味貪多，適得其反。」眾人越發不解。

大師從他們中拉了一個人，讓他重新從山谷裡打了兩滿桶水。

那人挑得非常吃力，搖搖晃晃，沒走幾步，就跌倒在地，水全都灑了，那人的膝蓋也摔破了。

「水灑了，豈不是還得回頭重打一桶嗎？膝蓋破了，走路艱難，豈不是比剛才挑得還少嗎？」大師說。

「那麼大師，請問具體挑多少，怎麼估計呢？」

大師笑道：「你們看這個桶。」

眾人看去，桶裡劃了一條線。大師說：「這條線是底線，水絕對不能高於這條線，高於這條線就超過了自己的能力和需要。起初還需要畫一條線，挑的次數多了以後就不用看那條線了，憑感覺就知道是多是少。有這條線，可以提醒我們，凡事要盡力而為，也要量力而行。」

不管做人還是做事，我們都要牢記——為自己設定一個能力底線，不要苛求自己做勉為其難的事。挑水如同武術，武術如同做人做事，在制定目標時，一定不要脫離自己的實際情況，要循序漸進，逐步實現自己的計畫，這樣才能避免許多無謂的挫折。

為人處世其實並沒有什麼秘訣，一個最重要的素質就是克制！如果看見一塊田就想播種，遇到寶物就想據為己有，有個念頭就想立刻實現，投入所有的心力，最後肯定會過猶不及，精力全部透支耗盡。所以，我們必須克制自己求大求全的心理奢望。

很多時候，事情往往不會按照自己預想的那樣發展。你越想把一件事做到百分百好，就越難心想事成，總會出現各種意想不到的問題，把自己搞得心神疲憊。當我們抱著一顆謙遜平和的心態做事時，內心不去奢求，順其自然不刻意，反而能更順利實現目標。

Chapter

8

要想釣到魚，就要先問問魚兒想吃什麼

要想釣到魚，就要像魚那樣思考。無論你本人多麼喜歡草莓，魚也不會理睬它。只有以魚本身喜愛的蚯蚓為餌，牠才會上鉤。

要想釣到魚，就要像魚那樣思考

原文

責人者，原無過於有過之中，則情平；責己者，求有過於無過之內，則德進。

譯文

對待別人要寬厚，當責備別人犯過錯時，像他沒犯過錯一樣原諒他，這樣才能使他心平氣和地走向正路；要求自己要嚴格，應在自己無過時，設法找出自己的過錯，如此才能使自己的品德進步。

一頭豬、一隻綿羊和一頭奶牛，被牧人關在同一個畜欄裡。有一天，牧人將豬從畜欄裡捉了出去，只聽豬大聲嚎叫，強烈地反抗。綿羊和奶牛討厭牠的嚎叫，於是抱怨道：「我們也經常被牧人捉去，都沒像你這樣大呼小叫的。」豬聽了回應道：「捉你們和捉我完全是兩回事，捉你們，只是分你們的毛和乳汁，但是捉我，卻是要我的命啊！」

有一句話說得好：「要想釣到魚，就要像魚那樣思考。」這是因為在和人交往的時候，往往會出現矛盾，而這些矛盾大都是雙方沒有彼此理解造成的。由此可見，在與人交往的時候，換位思考多麼重要！

戴爾・卡內基每一季都要在紐約某家大旅館租用大禮堂二十個晚上，來講授社交訓練課程。但是有一季，他剛開始授課時，旅館要他付比原來多三倍的租金。而這個時候，入場券已經發出去了，開課的事宜都已辦妥。

卡內基在兩天以後去找經理，他首先對經理提高租金的做法表示理解，然後幫他分析了這樣做的利弊。他說：「有利的一面：大禮堂不出租給講課的而是出租給舉辦舞會的，那你可以獲利很大。因為舉行這一類活動的時間不長，他們能一次付很高的租金。租給我，顯然你就吃虧了；不利的一面：首先，你增加我的租金，其實會降低你的收入。因為實際上等於你把我趕跑了，由於我付不起你所要的租金，就得另找地方。」

「還有一個對你不利的事實：這個訓練班將吸引成千上萬個有文化、受過教育的中上層管理人員到你的旅館來聽課，對你來說，這其實是一種不花錢的活廣告。請仔細考慮後再答覆我。」講完後，卡內基告辭了。最後經理讓步了。

卡內基沒有講到任何一句他要什麼的話，整個過程都是站在對方的角度思考問題。然而出人意料的是，最後的結果對他非常有利。所以說，設身處地替別人著想，瞭解別人的態度和觀點，比一味地為自己的觀點和主張爭辯要高明得多，不管在談生意還是說服別人的時候都是如此。

當你準備見一個你不太瞭解的人時，不妨瞭解一下對方目前最得意的事情。沒有誰不喜歡聽好話，每個人都喜歡享受被人恭維的感覺，所以人的成就越大，就越希望別人能夠看到。當你一見面就談論他最引以為豪的事情，對方當然非常高興，對你也就會有好感了。由此，我們該明白一句話的含義：「無論你本人多麼喜歡草莓，魚也不會理睬它；只有以魚本身喜愛的蚯蚓為餌，牠才會上鉤。」

在現實生活中，你是否經常有這樣的體驗——因為自己先入為主，常常雞蛋裡挑骨頭，不管別人怎麼做都是看不順眼。如果正好與對方曾有過節，那就更是揪住小辮子不放。實際上，我們大多時候都是在錯怪對方。這是因為立場不同、處境不同，就很難瞭解對方的感受，對他人的挫折和傷痛，我們從來不曾進行過換位思考。正如一句俗話所說：「烏鴉落在黑豬上，只見人黑不見己黑。」所以，當我們想責怪別人時，一定要多多反思自己。

有一位婆婆，對剛娶進門的媳婦十分不滿，一點差錯都會引起她的勃然大怒。不是抱怨媳婦廚藝不精，就是斥責媳婦根本不會料理家務，還經常加班到半夜才回家，也不知是真加班，還是在外面鬼混。這位婆婆甚至把兒子發燒感冒也算到媳婦的頭上，抱怨她連丈夫的身體都照顧不好，怎麼有資格做老婆？

這天，有位熟識的友人來家裡做客，婆婆又開始藉機抱怨媳婦的不是。婆婆隔著玻璃指著陽臺上的衣服說：「真不知她媽媽怎麼教女兒的，連個衣服都洗不乾淨，你看看，斑斑點點的全是土！這就是洗了半天的樣子，真是白浪費那麼多水了！」這位客人聽了婆婆的話，向陽臺仔細望去，一眼就發現了問題的癥結。

他微笑著走過去，用抹布將玻璃擦了擦，然後請婆婆站在原地，再重新看一看那些衣服，呀！轉眼間的工夫，它們變得潔淨無比了。

婆婆這時才明白，不是媳婦洗的衣服不乾淨，而是自己的心態有問題，戴著一副有色眼鏡，優點也看成了缺點。調整心態之後的婆婆，發現媳婦其實特別稱職，飯菜做得可口，工作又賣力，家務事一樣都沒疏忽。

看似錯在對方，其實是自己的心靈蒙上了塵土。「人心隔肚皮」，你不是我，我不是你，但你把我當成你，我把你當成我，這樣就換了位，再思考一下……從對方的角度思考問題，很多看似山重水複疑無路無法調和的衝突，很快就能進入「柳暗花明又一村」的局面。

當我們遇到與他人意見不同的時候，不妨換位思考一番。正因人們只從自己角度出發，從不考慮別人在想什麼，於是憑空多了許多誤解和猜忌。哪怕是自己出的錯，也會把錯誤歸咎於對方，將自己樹成最正確的標杆，這樣的人缺乏自知之明，既刻薄又自私，我們千萬不要做這樣的人。《菜根譚》中說：「不責人小過，不發人陰私，不念人舊惡，三者可以養德，亦可以遠害。」意思就是，不要責難別人所犯下的輕微錯誤，不要隨便揭發他人生活中的隱私，更不可對從前與人犯的過節耿耿於懷、念念不忘。如果你能做到這三點，不但可以培養自己的品德，也可避免遭受災禍。在現實生活中，因為責人過錯、發人陰私而引發的糾紛實在是太多了，在此不再重複贅述。

如果一個人只看到自己的優點，看別人全是缺陷，那麼將永遠生活在苦惱、懷疑和偏見之中，永遠體會不到人生的美好。所以，我們一定要學會換位思考。

反躬自省——為什麼有的人屢屢碰壁不能成功

原文

反己者，觸事皆成藥石；尤人者，動念即是戈矛。一以辟眾善之路，一以浚諸惡之源，相去天壤矣。

譯文

一個人能夠經常反省自己，遇到任何事情都可以成為使自己警醒的良藥；一個經常怨天尤人的人，心中的念頭都會像傷害自己的戈矛。一個是開闢眾多善行的途徑，一個是形成惡行的源頭，兩者有天壤之別。

關於反躬自省，《論語・學而》中這樣記載曾子的言論：「吾日三省吾身，為人謀而不忠乎？與朋友交而不信乎？傳而不習乎？」意思就是，我每天多次反省自己：替別人做事有沒有盡心竭力？和朋友交往有沒有誠信？老師傳授的知識有沒有按時溫習？英國詩人白朗寧也對反省精神推崇備至，他說：「一個能夠反躬自省的人，一定不是庸俗的人！」

一個缺乏自省精神的人，在人際交往中必定會遭遇重重挫折，其人生也不會太順利。拿破崙在滑鐵盧失利之後說：「我是我自己最大的敵人，也是我自己不幸命運的起因。」確實如此，一個人只要陷入自以為是的深淵，哪怕像拿破崙這樣的強人也同樣難逃厄運。

孔子說：「見賢思齊焉，見不賢而內自省也。」就是說，當我們看見有賢德或有才幹的人就要想著向他學習，看見不夠賢德的人，自己的內心就要反省是否有和他一樣的錯誤。看到別人的優點，要設法使自己具有同樣的優點；看到別人的缺點，就要反省自我，看是否存在類似的缺點，從而在反省中完善自我。

清末有名的紅頂商人胡雪巖，十幾歲時，就在一家錢莊做夥計。有一次，老闆派他去一家五年沒還款的欠戶收錢。這家戶主已經死了兩年，只剩下一個寡婦。所以，錢很難要回來，以前來過很多人，都吃了閉門羹。老闆這次讓胡雪巖去，是有意鍛鍊他。

胡雪巖穿戴整齊，登門拜訪。他剛報明身份，寡婦就冷冷地說：「要錢沒有，要命一條！」砰，把門關上了。胡雪巖目瞪口呆，在外面轉了一圈，心想總不能這樣回去交差吧？只好又去敲門。這次，寡婦不客氣地扔出一個板凳來。要不是他躲得快，肯定會被砸個頭破血流。

事情到這個地步，收賬就別想了。胡雪巖悶悶不樂地回到錢莊，老闆面無表情地問：「欠款收到了嗎？」

胡雪巖不像其他夥計那樣吐苦水，也沒有怨天尤人，而是說：「今天去了，但沒碰見她，我明天再去。」然後，他一邊在櫃檯幹活一邊反思自己的策略：從那寡婦的裝束看，不像沒錢的樣子，一定是自己太過魯莽了！或者是以前的夥計態度過於惡劣，引起了她的反感。必須試試別的辦法，才能達到目的。

第二天，他又敲寡婦家的門。不過，還沒等她有所反應，胡雪巖就主動開口，表明自己這次不是來收債的，而是有別的事情。寡婦一看錢莊的上門卻不收債，奇怪地問：「那你有什麼事？」

胡雪巖笑著說：「我們錢莊生意興隆，這多虧了鄉親們的大力支持，所以老闆準備推出惠及老客戶的一些舉措，如果您還需要抵押借錢，在利息上我們會有優惠的。」寡婦聽了很是感動，自己欠了五年的錢不還，足足有三萬兩銀子，這個夥計竟然還願意借錢。她一方面為了繼續借錢，另一方面心生慚愧，就把全部欠款給了胡雪巖。

胡雪巖沒有把錯誤歸結到別人身上，而是經過反思，尋求正確的策略。這才是真正的聰明人所為。一個人只有這樣才能弄清問題的本質，並能切實地對症下藥，順利解決面臨的難題。這就是胡雪巖之所以成功的原因。

「人不能兩次踏進同一條河流」，這是哲學家赫拉克利特的名言。在人類處世學中，如果一個人總是自以為是，即使自己錯了也不肯悔改，照這樣下去，人生的道路肯定會越走越窄，所犯的錯誤也會越來越多。

《菜根譚》中有語：「曉夢初醒，群動未起，此吾人初出混沌處也。乘此而一念回光，炯然返照。」意思就是，清晨人們從睡夢中醒來，萬物還未復甦，如果能利用這一刻來澄清自己的內心，反省自身的一切，便會解除束縛我們心智的枷鎖。這種自我反省的觀點是值得我們借鑒和學習的。

「靜坐多思自己過，閒談莫論他人非」，如果一個人能夠經常反省自己，遇到的任何事都會成為警醒的良藥。做得好時，總結經驗；做得不好時，從自身找原因。

尺有所短，寸有所長——不要拿別人的短處說事兒

原文

人之短處，要曲為彌縫，如暴而揚之，是以短攻短；人有頑的，要善為化誨，如忿而嫉之，是以頑濟頑。

譯文

別人的缺點要委婉規勸，如果到處去宣揚，只能證明自己的無知，是用自己的短處來攻擊別人的短處；有人比較固執，要懂得用耐心去啟發，如果氣憤或痛恨，那就是你在試圖用自己的頑固改變他人的頑固。

世界上沒有十全十美的人，每個人都或多或少地存在著缺陷。這些缺憾有時是無奈的，因為人的身體髮膚皆受之於父母，是你無法選擇的。可現實生活中卻偏偏有這麼一種人，專門拿別人的生理缺陷開玩笑，樂此不疲從未有臉紅心跳的時候。比如給腳跛的人起綽號叫「地不平」，把身材矮粗的人叫「武大郎」，把又高又瘦的人稱為「竹竿」，

把頭髮稀少的人叫「禿驢」，如果一隻眼瞎了，就取名為「獨眼龍」。

齊某和熊某是同村人，又同在一家裝飾公司做裝修工。一天，大家吃過午飯聊天時，齊某向其他同事透露了熊某無法生育的隱私，感覺難堪的熊某用力推了齊某一把，使他摔倒在正準備安裝的一堆玻璃上，齊某的雙臂被玻璃碎片刺傷。經醫生檢查，齊某的雙臂和手指的四根肌腱被割斷。

據心理學家研究發現，每個人都有自負心理，這種心理主要表現在——我們都有在背後討論或宣揚別人缺點的傾向。看到別人的缺陷，我們不是帶著真誠和善意去幫助，而是背地裡揭露、傳播。這麼做的時候，也許並不是出於什麼惡意，就是為了圖個新鮮，圖個大家一樂。但如果我們站在對方的立場上考慮，就會發現這件事不是那麼可樂了，而是一種無法忍受的侮辱。

當我們宣揚別人的缺陷時，自己身上的缺陷也就暴露無遺。你願意自己的缺陷被人四處宣揚嗎？肯定不喜歡吧？所以「己所不欲，勿施於人」。

在現實生活中，許多人喜歡搬弄是非，專門刺探他人的隱私，將他人難以啟齒的醜事宣揚出去。雖然逞得一時的口舌之快，但後果也很嚴重。如果你是這種人，大家肯定都不願意跟你交往。這樣的人走到哪裡都遭人嫌棄，這本身就已經成為一種缺陷。當有人向我們打聽某人的消息時，我們應該本著「隱惡揚善」的態度，不要誇大別人的缺點。一個喜歡揭人短的人，他自己的為人也是值得懷疑的，在為人處世的時候，必然要吃大苦頭。

即使你出於好心幫助別人，也要講究技巧。如果動不動就說「你真笨」等羞辱性的語言，就必定讓人難以接受。這樣一來，你雖然幫了別人很多忙，但卻一點也不討好，甚至還遭人忌恨。人都幫了，為什麼不讓自己落個好呢？

做點善事急著讓人知道，還不如做了壞事怕人知道的好

原文

為惡而畏人知，惡中猶有善路；為善而急人知，善處即是惡根。

譯文

做了壞事怕別人知道的人，雖然是作惡，但還留有通往善良的路徑；做了好事卻急於宣揚的人，他做善事的同時就已種下了惡根。

一個人做點善事就急著讓人知道，還不如做了壞事怕人知道的好。這句話說得刻薄了點，但仔細想想不無道理。一個知善惡、明是非的人，即便做錯了事，只要及時回頭就能保證不至於墮落太深。浪子回頭金不換，處處受人稱道。我們從中可以體悟到——對待犯錯的人，不可一棒子打死，要先觀察，看他是不是知恥，知恥能不能後勇。

一個人做了善事卻高調宣揚，就等於赤裸裸地暴露自己的求名之心，這種行為就不禁讓人感到噁心了。按照《菜根譚》中的說法，一個做了好事卻急於宣揚的人，他做善事的同時等於已種下了惡根，因為從那一刻起，他的腦門上已經烙下沽名釣譽的印痕。真正境界高深的人，在行善時往往深藏不露，懂得受惠之人也需要面子和自尊。如果大肆宣揚，在沽名釣譽的同時，也撕破了別人的臉面，等於借別人的瘡疤炫耀自己。

清朝末年，晉陝豫三省大旱，持續了好幾年，人畜不知餓死多少。就在這時，一個姓常的大商人，突然宣稱要耗資三萬兩銀子，修建一座戲臺。他說，周圍的鄉親，不管是誰，只要過來幹活，哪怕搬幾塊磚頭，就可以獲得一日三餐。當地旱了三年，他的工程也持續了三年，最後花了多少銀兩，已經難以計算。

這時人們才明白，修戲臺是假，賑災才是真。之所以不打賑災的名義，是為了讓受助的鄉親有尊嚴地吃飯，不認為是施捨。這位姓常的商人，既做了大好事，又沒刻意為自己撈什麼虛名，這才是真正的行善。

《菜根譚》中有段話說：「施恩者，內不見己，外不見人，則斗粟可當萬鍾之惠；利物者，計己之施，責人之報，雖百鎰難成一文之功。」意思就是，一個施恩於人的人，不應總將此事記掛在心頭，也不應該張揚出去讓別人讚美，那麼即使只是一斗粟的付出也能得到萬斗的回報。一個以財物幫助別人而急於要求回報的人，那麼即使付出萬兩黃金，也難有一文錢的功德。

如果你幫助他人之後，總是記掛心頭，這樣即使付出再多，也難免讓別人反感，本想回報你的事情也會就此作罷。很多時候，你無意幫助一個人，原本只是舉手之勞、不足掛齒，根本沒打算讓別人回報。但奇怪的是，突然有一天別人竟連本帶利回報於你。

其實，在這個世界上沒有誰是真正的傻瓜，每個人的心中都有一個帳本，誰幫助過自己，都記得一清二楚、明明白白。如果你真的曾經對別人真心付出過，別人肯定不會忘記。如果你真的幫過什麼人，就請儘早忘記吧！念念不忘給予別人的好處，只能讓你淪為一個斤斤計較的人。

只知道閉著眼睛往前衝的人會死得很難看

原文

進步處便思退步，庶免觸藩之禍；著手時先圖放手，才脫騎虎之危。

譯文

事業順利時要做好抽身退出的準備，以免將來像山羊被夾住了角，進退兩難；事情剛開始做，就要預先謀劃何時應罷手，這樣才不至於像騎在老虎身上，給自己帶來無法控制的風險。

在芸芸眾生之中，真正的天才與白癡都只是極少的一部分，對於大多數人來說，無論是智力還是體力等因素都相差不多。然而，有的人能夠脫穎而出成就偉業，而有的人卻庸庸碌碌，為什麼會出現如此的差別呢？

一個美國人、一個法國人和一個猶太人因為各種罪因要被關進監獄三年，服刑前監獄長對他們說：「我能滿足你們每人一個要求，你們有什麼要求儘管提。」美國人愛抽雪茄，他說：「那你就給我三箱雪茄吧。」法國人愛浪漫，他說：「給我來個美女吧，長夜漫漫，省的寂寞。」猶太人說：「謝謝大哥，我只要一個能和外界溝通的電話就行了。」

就這樣，每個人都在繼續著自己所選擇的人生。三年過去了，監獄長打開了大門，美國人第一個就衝了出來，只見他的嘴裡、鼻孔裡塞滿了雪茄，大聲地喊道：「快給我火，老子快憋死了！」原來美國人忘了要火了。第二個走出來的是法國人，只見他手裡抱著一個孩子，美女手裡牽著一個小孩，她的肚子裡還懷著第三個孩子。最後，猶太人慢慢踱著步子走了出來，他緊緊握住監獄長的手說：「謝謝你啊，大哥，有了這個電話，這三年來我每天都能和朋友保持聯繫，我的生意不但沒停，還變得更好，為了表示我的感謝之情，我決定送你一輛勞斯萊斯！」

成功人士與平庸之輩的差別，不僅在於天賦或機運，更在於最初的選擇以及是否有未雨綢繆的人生規劃。你能看多遠，決定著你的未來能走多遠。

二十幾歲的時候，我們就要想一想——三十歲後自己想達到怎樣的境地？這個時候，你必須先為自己的人生設計好登山的地圖！要把起點標出來，然後把終點標出來，還要把登山中遇到的重要路徑標出來！在登山的時候還要有應變的準備，以便在走不通時重新選擇另外的路徑。只要你手中有一張人生地圖，再大的風雨、再多的崎嶇，你都能順利地走過去，而且走得更遠。

人生的設計師不是老天，而是自己！所以，每個人都要提前設計好自己的人生地圖。如果一個人不去設計自己的人生，就會活得十分茫然。

有一位博士回國發展，被某銀行高薪聘為基金經理。上級告訴他，在正式上班之前，會給他半個月的時間具體瞭解銀行的工作模式。他覺得以自己在國外金融機構工作多年的經驗，應對國內的金融體系，那還不是小菜一碟？於是，這半個月就成了他臨時悠閒的假期，頻繁地跟朋友聚會，還去國外旅遊了一番，絲毫沒把上級給他的資料放在心上。等他回來上班，頓時大跌眼鏡，因為國內的工作模式完全出乎他的想像。

這位在海外有過豐富閱歷的博士頓時手腳大亂，找到上級真誠地道歉，懇請再給他三天時間，他一定做好最充足的準備。上級笑著對他說：「洞中只一日，世上已千年。現在國內的金融業發展太快了，可你還停在十年前的思維模式裡，所以抱歉，請你另謀高就吧。」博士只好又惱又悔地離開了那家公司。

《菜根譚》中說：「居安思危，天亦無所用其伎倆矣。」意思就是，做什麼事都應該提前籌畫，而且平安之時不忘危難，那麼就連上天也沒有辦法施加詭計。如果一個人能夠做到未雨綢繆、居安思危，當危險到來時就不會手忙腳亂、束手無策。然而遺憾的是，許多人只知道閉著眼睛向前衝，當意外突如其來，只能聽天由命。現實就是這樣，不可能每件事都在我們的掌控之中，總有意料不到的風險。如果沒有料敵機先的智慧、處進思退的預謀，當這些不測因素發生時，我們就會面臨困境。

許多事情都說明了這個道理，並非只有硬著頭皮往前衝這一條路。當發現此路不通時，及時後退就成了最明智的選擇。不然，萬一發生疏漏，「籬笆」夾住了你的「山羊角」，頂不過去，退不出來，騎虎難下之勢一成，那就太尷尬了！

居安思危，處進思退，需要我們認真把握幾點：

一、不做無準備之事。做什麼事都要有長遠考慮，以「不謀全域者，不足謀一域；不謀萬世者，不足謀一時」為自己的座右銘，先計畫，後行動。對可能發生的意外，全部做到胸有成竹，並提前擬定應對方案。

二、做事隨機應變，靈活應對。根據事情發展的具體情況，做出適當的調整，讓步伐始終處於正確的軌道。也就是說，做事是為了成事，固執不可取，猶豫也不可行，必須知進知退、靈活應對。千萬不可硬著脖子閉著眼睛往前衝，哪怕前面是一堵銅牆鐵壁也非要碰個頭破血流，這就等於傻子行為了。

才華是老虎的牙齒，品德則是堅固的籠子

原文

德者才之主，才者德之奴。有才無德，如家無主而奴用事矣，幾何不魍魎猖狂。

譯文

品德是才能的主人，而才能只是品德的奴婢。如果一個人只有才幹學識卻缺乏品德修養，就好像一個家庭沒有主人而由奴婢當家，這哪能不胡作非為、狂妄囂張呢？

記得曾有這樣一則新聞：有兩位女士在搭飛機的時候，不知為何吵了起來。開始用中文吵架，後來其中一位用日語罵對方，而另一位馬上用日語進行還擊；那位女士又改用法語罵她，她又以法語還擊；接著她又改用英語罵人，那位被罵者毫不示弱，又用英語還擊……真是語驚四座，看呆了乘客，更看呆了機上的外國人！

有次我去上海，在北京—上海的火車上，我正與鄰座說話間，忽然覺得右肩上有了重量，回頭一看，是一隻腳正踩在我的肩膀上。只見一個年輕的女孩，踩著臥鋪旁的梯子爬向上鋪，乾脆拿我的肩膀當階梯了。半天過去了，她竟然若無其事連一點歉意的表示都沒有，我心裡相當鬱悶。後來，聽她和同行的小夥子聊天得知，她是某名校大學的應屆畢業生，正要去美國留學。和她聊天的小夥子，是在英國留學兩年後回來探親的。

學歷和道德沒什麼直接關聯。學歷高不代表有高尚的道德，學歷低也不代表道德水準就低。正所謂「才華是老虎的牙齒，品德則是堅固的籠子」。鋒牙利齒的老虎，如果沒有籠子的束縛，後果怎會不嚴重呢！

《菜根譚》中說：「德者，事業之基，未有基不固而棟宇堅久者。」意思就是，德行是一個人事業的根基，正如興建高樓大廈，從來不會有地基不堅固而耐久的房屋。事實的確如此，一個人有沒有才華不是最要緊的問題，可以透過讀書、培訓等方式得到迅速提升，而品德修養卻需要長久的磨煉與積累，需要在生活中潛移默化。

那麼，一個人需要具備的品德都有哪些呢？具體來說有以下幾點：

一、禮儀。《左傳・昭公二十五年》中說：「夫禮，天之經也，地之義也，民之行也。」一個不知禮、不懂規矩的人誰會喜歡呢？一旦開口說話，給人的第一印象就很差，更甭提深入交往、精誠合作了。

二、責任。責任意味著付出，所以在關鍵時刻，人最容易逃避責任。現在的社會並不缺少有能力的人，但真正需要的則是既有能力又有責任感的人。從某種程度上說，責任承載著能力，責任勝於能力！

三、誠信。騙子是人們最討厭的，只有講信用的人，才能交到更多的朋友，獲得更多的資源。一個誠信的人，無論做什麼事都會比較順利。經常出爾反爾的人，走到哪裡都會被人提防。

四、謙讓。設身處地為別人著想，別人才會樂意為你服務。東漢年間，甄宇被封為博士（當時一種官職名）。按當時舊例，每年臘月祭祀後，皇帝要賞賜給博士每人一頭羊。羊有大小肥瘦，大家一時不知該怎麼分，有人建議殺了羊分肉，有人說抓鬮。甄宇前去牽走那頭最瘦小的羊，於是再也沒人爭了。光武帝劉秀因這件事記住了他，而且屢次提拔。

以上這些品德，跟聰明才智同等重要，缺一不可。有才無德之人，誰敢放心跟他交往？既不能當朋友，也不可委以重任。只有德才兼備的人，才能在人生路上走得長遠。

過於摳門是跟自己過不去

原文

儉，美德也，過則為慳吝，為鄙嗇，反傷雅道；讓，懿行也，過則為足恭，為曲謹，多出機心。

譯文

節儉是一種美德，但過於節儉就是吝嗇，成為斤斤計較的守財奴，反而損害人際交往的雅趣；謙讓是一種高尚的美德，但過於謙讓就是卑躬屈膝，顯得謹小慎微不夠大氣，反而多出巧詐的心思。

在對吝嗇這種習性的評價上，華人執行的是雙重標準：女人摳門，可能被褒揚為「會過日子」；男人小氣，卻一概被貶為上不得檯面的毛病。

一個人對待金錢的態度，在很大程度上決定著他的生活方式和人際關係。大手大腳、揮霍無度固然不好，但過於摳門兒、只掙不花的理財方式容易影響當事人的生活品質，甚至危及其生存與發展。至於配偶之間，由於朝夕相處，共同生活，如果一方過於摳門，而另一方難以接受，則有可能淡化彼此之間的愛意，平添無謂的矛盾和紛爭。

心理學研究揭示，過高估計生活風險，過於缺乏安全感，是導致人們產生吝嗇心理的誘因之一。人對金錢的態度，往往與其生活經歷有關。不同的個體，差異可能是顯著的，即使親密如夫妻也不例外。據我觀察，一些人表面上是因為不善交際而導致人際關係不佳，事實上卻是因為過於摳門付出的代價。

如果你想瞭解一個人，最好的辦法就是看他如何花錢。如何花錢比如何掙錢更能體現一個人的品味——把錢花在夜店裡與琴棋書畫上是兩種完全不同的境界。對女人來說，這句話還有另外一個版本，即錢不能代表愛情，但錢可以表達愛情！為你捨得花錢的男人未必是真愛，但一個完全不肯為你花錢的男人就要考慮了。

事實上，花錢所需要的智慧並不亞於賺錢。雖說金錢不是萬能的，但沒有錢卻是萬萬不能的。人一旦有所需求便會盡力賺錢來完成心願。

在我們身邊，總會有一些厲害人物，他們無論從政還是經商，能有顯赫的成績。仔細觀察，你就會發現他們不僅善於經營，而且經常樂善好施，並不是花多大的錢，但贏的卻是眾人之心。前蒙牛總經理牛根生曾說過這樣一句話：「財散人聚，財聚人散。」這句話無意中道出管理的真諦，值得深思。

該花的時候捂緊錢袋，必會被人看做小氣鬼，於是沒有人肯與你交朋友。由此可見，養成正確合理的消費習慣，把自己的錢財打理得井井有條，對事業的發展有著至關重要的作用。

有位家庭主婦，為了省下一塊錢的公車費，步行走了十幾站路程，花費一個多小時。在路上累得頭暈眼花，橫豎就是不坐車，心裡老想著過日子省錢。她回到家，一頭就栽到床上，因為累出病來了！丈夫聽她講了事情經過，哭笑不得，就說她：「你在路上確實省了一塊錢，但是看病得花幾百塊啊！」

所以，千萬不要讓別人覺得你是一個吝嗇鬼。具體而言應該這樣：在和客戶進餐時，要主動付餐費；與朋友一起搭計程車時，主動付車費；在和客戶打交道的時候，可以偶爾送點小禮物，以表自己的心意；儘量對他人合情合理的要求給予肯定的答覆；對努力工作的員工多發點獎金，或者多給他們幾天假期；員工墊付的費用，你要及時還給他們。

花錢要堅持三原則：一是「有錢不買半年閒」，不經常用的東西堅決不買；二是「看菜吃飯，量體裁衣」；三是「精打細算」。總之，我們花錢要有一個目的，明確花錢是為了滿足生活必需，而不是享受花錢的快感！想以後過好日子，學會花錢很重要！慷慨大方，會讓你贏得更多的朋友和收益，而如果一毛不拔，則有可能給你造成不可挽回的損失。要記住，給予他人，將收穫更多；不懂得正確地花錢，永遠成不了有錢人！

Chapter

9

不要在欲望面前迷失自己的本性

有這樣一個公式：欲望－實力＝痛苦指數。當欲望超出自己的實力、才華能力無法支撐野心時，就是一個人最痛苦的時候，最容易走火入魔。個人欲望要跟個人實力相匹配。一旦二者嚴重失衡，人的心理就會扭曲。

欲望－實力＝痛苦指數

原文

世人為榮利纏縛，動曰：「塵世苦海。」不知雲白山青，川行石立，花迎鳥笑，谷答樵謳。世亦不塵，海亦不苦，彼自塵苦其心爾。

譯文

世人被名利困擾，因此開口就說：「人間是苦海。」然而他們並不知道，世界的另一面是白雲青山，奔流河水與奇岩美石，迎風招展的花草，呢喃歌唱的可愛小鳥，以及樵客歌唱時山谷的長嘯與回應。這時才會恍然大悟——人間既非塵囂萬丈，世界也非苦海一片，只是人們使自己的心落入塵囂、墮入苦海而已。

有人總結這樣一個公式：欲望－實力＝痛苦指數。

當欲望超出自己的實力、才華能力無法支撐野心時，就是一個人最痛苦的時候。如果一直執迷不悟，沉陷欲海之中不可自拔，最容易走火入魔。

我們經常聽到周圍的人抱怨自己如何如何命苦，社會如何如何不公。其實，這樣的人大都是內心的欲望跟自我實力發生了矛盾。他們自我能力有限，無法滿足欲望，於是就憑空多了許多抱怨。個人的欲望一定要跟個人的實力相匹配。一旦二者嚴重失衡，人的心理就會扭曲。

現代社會的誘惑無處不在，促使我們體內的欲火猛竄。與此同時，市場競爭異常殘酷，大部分人卻是無法擁有超強實力，這樣矛盾就產生了，也會鬱悶之極，每天晚上翻來覆去睡不著。

而當一個人心頭堆積太多欲望又無法滿足的時候，就是最痛苦最無奈的時候。這個時候，你會覺得生活真是苦悶，工作真是痛苦！但這個世界的本來面貌並沒有受到任何影響，山依然是那樣青，水依然是那樣流淌，小鳥依然在自由地歌唱……

一個和尚在路上看到一件有趣的事，他想以此考考禪院裡的老方丈。他來到禪院，與老方丈一邊品茶，一邊閒扯，冷不防地問了一句：「什麼是團團轉？」

「皆因繩未斷！」老方丈隨口答道。和尚聽到回答，頓時目瞪口呆。老方丈見狀，問道：「什麼使你如此驚訝？」「不，師父，我驚訝的是，你怎麼知道的呢？今天我在來的路上，看到一頭牛鼻子被繩子穿了，拴在樹上，這頭牛想離開這棵樹，到草地上去吃草，誰知牠轉過來轉過去都不得脫身。我以為師父應該沒看見，肯定答不出來，哪知師父出口就答對了！」

老方丈微笑著說：「你問的是事，我答的是理，你問的是牛被繩縛而不得解脫，我答的是人心被俗務糾纏而不得超脫，一理通百事啊！」

一個風箏再怎麼掙扎，也飛不上萬里高空，因為被繩子牽住；一匹壯碩的馬，再怎麼暴烈，照樣被馬鞍套上任由鞭抽，因為被繩子牽住。那麼我們的人生呢，究竟又被什麼東西牽住了？為了名利欲望，我們東西南北團團轉，辛苦奔波。

好名之人，必為虛名所苦；重利之人，必為貪利所困。這正是許多人總也跳不出苦海的原因。事實上，對名利的追求並非壞事。只是對名利放不下，才是人生幸福的大敵。

《菜根譚》中說：「人只一念貪私，便銷剛為柔，塞智為昏，變恩為慘，染潔為污，壞了一生人品。故古人以不貪為寶，所以度越一生。」意思就是，貪欲會讓人由剛直變為懦弱，由聰明變為昏庸，由慈善變為殘忍，由高潔變為污濁，最後損壞一生的品格。所以古聖賢一致認為，做人要以不貪作為修身之寶，這樣才能超越物欲過一生。

一個人放不下，就會被名利所困。物欲情欲遮住眼睛，我們就看不見山川美景，眼前自然就是一片苦海。心裡總有得不到的東西，滿足不了的欲望，即使開著名車、住著豪宅，活得照樣辛苦。

春風得意的時候，其實是最危險的

原文

苦心中，常得悅心之趣。得意時，便生失意之悲。

譯文

人們在困苦煩惱時，因為堅持信念、不懈奮鬥，內心反而會感到一種喜悅和樂趣；人們在春風得意之時，潛藏著頂峰過後的危機，往往會生出失意的悲哀。

世間無人不渴望自己春風得意，一旦這樣的好日子降臨，往往會有一種說不出來的暢快。如此快意之事，若只是一個人悶在家中獨自享受，豈不是很不過癮？這個時候，我們就傾向於找一幫陪襯自己的朋友，讓他們做自己的花瓶和電燈泡，然後自己欣欣然、心滿意足地享受他們的吹捧。這種心理上的快感相信沒有人能夠拒絕得了。正因為此，在春風得意之際跌下臺的人數不勝數。他們摔得很慘、頭破血流。他們用鮮血寫下的忠告就是——春風得意的時候最危險！

為什麼他們會摔得如此之慘？其實很簡單，想一想旁邊其他人的心情就知道了。當你春風得意的時候，身邊朋友真的像你一樣很得意嗎？顯然不是，你越得意，他們越感到羞愧！他們覺得自己生不如人，看著你搖頭晃腦的樣子，表面上他們在微笑祝賀，實際上內心可能是嫉恨。

小孟約了幾個朋友到自己家裡聚會，主要目的是想借著熱鬧的氣氛，讓目前心情低落的李強放鬆一點。

李強不久前因經營不善導致公司破產，妻子也因感情不和與他鬧離婚。他現在是內憂外患、不堪重負了。大家都知道李強目前的狀況，因此都避免去觸及與此有關的事。可是，其中一位酒一下肚，就口不擇言了，忍不住開始大談他的撈錢經歷和消費功夫。

說到興處，還手舞足蹈，得意之情溢於言表，這讓在場的人都感覺不舒服。而正處於失意中的李強更是面色難看，低頭不語，一會兒去洗臉，一會兒去上廁所。最後實在聽不下去了，就找了個藉口提前離開了。他後來跟送他走的小孟生氣地說：「他再會賺錢也不必在我面前炫耀，這不是成心氣我嗎？！」

小孟非常理解他的感覺，因為他也經歷過這樣的事情。在他最艱難的時候，正風光的親戚炫耀房子、汽車，那種感受真是生不如死。

有些人總喜歡誇耀自己，每遇親朋好友，就迫不及待地吹噓自己的成功。人生得意須盡歡，這是人之常情，本來沒什麼好責怪的，但如果你在失意者面前大談得意之事，那就是自找不痛快了。

所以，每逢開口說話，不管是什麼內容，我們都要避免過於春風得意，一定要低調謹慎，千萬不要無意中傷害了別人的自尊心。

當你正得意的時候，要你不談論好像也不太容易，誰不想讓別人看見自己意氣風發？但你談論得意時一定要注意場合。

你可以在演說時大談你的得意，甚至也可以對你的父母談，讓他們以你為榮。但就是不要對失意的人談，在他們面前談得意，就像在禿子面前抱怨頭髮少，在瞎子面前說太陽不夠亮。失意的人非常脆弱，也最敏感，你的談論在他們聽來都充滿了嘲弄，不可避免地感覺你在蔑視他。因此你所談論的得意，對失意者來說是一種非常嚴重的心理傷害。

即使你當著失意者的面大談自己的成功，他們也不會有太大的反應，因為他們覺得自己沒有資格來反駁，但他們會耿耿於懷。他們內心的感受不會立即表現在臉上，但會透過其他方式表現出來。例如，從此不再和你打交道，背後說你壞話，故意與你為難等，從此你失去一個朋友，多了一個敵人。

《菜根譚》中說：「衰颯的景象，就在盛滿中；發生的機緘，即在零落內。」意思就是，凡是衰敗的景象往往很早就在繁華的盛況之中隱藏著；凡是蓬勃生機也早就孕育在換季的凋零時刻。所以當你處於春風得意的順境中時，一定要懂得低調的智慧，切不可到處炫耀。

一個人喝醉就容易失態，而一旦春風得意就容易忘形，然後喋喋不休。春風得意的時候，身上的缺陷暴露無遺，厄運乘虛而入。當你在眾人面前手舞足蹈的時候，毀滅之神也就開始對你手舞足蹈了。

春風得意的時候，除了以上要警醒的要點外，我們還需注意不要犯以下的錯誤。《菜根譚》對此進行了盤點：「不可乘喜而輕諾，不可因醉而生嗔，不可乘快而多事，不可因倦而鮮終。」意思就是，不要趁春風得意而輕率對人許諾，不要借醉亂發脾氣，不要一時衝動惹是生非，不要因精神疲憊而有始無終。春風得意的時候，我們最喜歡誇海口，向別人拍胸脯保證，然而一旦辦不到可就得罪人了。由此可見，人生越是春風得意，就越需要低調，時刻收起春風得意的嘴臉，夾緊尾巴做人。

歌舞酒宴最高潮時，就要整理衣衫毫不留戀地離開

原文

笙歌正濃處，便自拂衣長往，羨達人撒手懸崖；更漏已殘時，猶然夜行不休，笑俗士沉身苦海。

譯文

歌舞酒宴最高潮時，就要整理衣衫毫不留戀地離開。通達智慧的人往往能在這種緊要時刻止步回頭，讓人羨慕。夜深人靜仍在忙著應酬的人，陷入欲望的苦海卻不自知，真讓人感到可笑。

有人看到這樣的標題，肯定會覺得太不可思議了。在酒宴最熱鬧的時候，你卻整理衣衫告辭，這難道不是一種無禮行為嗎？事實上，我們要從哲學的角度來理解這段話。正如《菜根譚》中還有句話說：「謝事當謝於正盛之時，居身宜居於獨後之地。」意思就是，引退要在自己事業處於鼎盛的時候，這樣才能使自己有一個完滿的結局；而居家度日則應生活在清靜不與人爭先的地方。這裡要講的是什麼？分寸感！唯有如此，我們才能真正地修身養性。

南北朝時期，有一個叫謝周的名人。一天，他應邀去朋友家赴宴。這位朋友是王侯之子，排場很大，足足占了方圓百丈的露天大場。朋友請謝周獻歌一曲，他毫不謙讓，登臺為全場賓客演唱，博得雷鳴般的掌聲。一時之間，酒宴的氣氛達到了頂點。

就在此時，謝周飲罷杯中酒，整理好自己的衣衫，恭敬地向朋友行禮，然後告辭而去。眾人都很詫異，還有人怪他沒有禮貌。只有這位朋友表示理解，笑著說：「花要半開，酒要半醉。我只恨自己是這裡的主人，不能像他那樣瀟灑。」

花半開，酒半醉，這樣才能享受到人生真正的樂趣，留下一段津津樂道的回憶。如果非要盡興，將自己搞得疲憊不堪不說，還會帶著興盡之後的失落離開。對於這種人生哲學，《菜根譚》中總結道：「花看半開，酒飲微醉，此中大有佳趣。若至爛醉如泥，便成惡境矣。履盈滿者，宜思之。」意思就是，賞花以含苞待放時為最美，喝酒以略帶醉意為適宜。此中含有極高妙的人生趣味。如果賞花至盛放凋零、飲酒至爛醉如泥，不但大煞風景而且活受罪。對於那些事業已經達到巔峰階段的人，應該深思一下其中的奧義。誠然，一個有分寸感的人總能品味到人生之大美。就拿上面的謝周來說，他在宴會上出盡風頭，如果繼續下去，肯定會得罪一些人，所以不如見好就收。在這裡，我們能夠學到適可而止的處世態度。

天道忌滿，人道忌全。《菜根譚》中說：「居盈滿者，如水之將溢未溢，切忌再加一滴；處危急者，如木之將折未折，切忌再加一搦。」意思就是，當一個人的權力達到鼎盛的時候，就像水缸中的水將要溢出來，這時切忌再加入一滴；一個人處在危急狀況時，就像樹木將折斷卻還未斷的時候，這時切忌再施加壓力。曾國藩對此領悟很深，他在家書中寫道：「盛時長做衰時想，上場當念下場時。」而且他不僅只是說說而已，為了強化警示，他還把自己的書齋命名為「求缺齋」。正因主動求缺，曾國藩儘管權勢極大，但最終卻能平安退隱。

世間規律莫不如此，一個事物到了極致，往往就要迎來衰敗。同樣道理，花在半開半閉時最迷人，酒在慢品微醺時最陶醉。為什麼非要急著讓花快開，一定要看花開到極致的樣子呢？要知道，花最燦爛之時也是衰敗的開始。有人一碗接一碗地飲酒，不到爛醉如泥誓不甘休，殊不知爛醉如泥時連肚裡原有的東西都會吐個精光。總之，凡事不必到達極端。推而廣之，在功名利祿面前，凡是嘗到甜頭就要知足，千萬不要貪得無厭，否則滅亡的陰影也就逼近了。為人處世一定要明白——人間沒有不散的筵席，不急不貪才是快樂的真諦。

這一生總得留下點什麼——別在溫柔鄉混吃等死

原文

春至時和，花尚鋪一段好色，鳥且囀幾句好音。士君子幸列頭角，復遇溫飽，不思立好言，行好事，雖是在世百年，恰似未生一日。

譯文

春天到來，花兒尚且能呈現一段好顏色，鳥兒也能貢獻幾句動聽的歌。一個人如果出人頭地，過上了溫飽日子，卻不想為後世留下精闢言論，做一些有益的事，那他即使活到一百歲，也像一天都沒有活過。

我們每個人既然來到這個世界上，就應該追求點什麼。宋代大儒張載說：「為天地立心，為生民立命，為往聖繼絕學，為萬世開太平。」這句話充分體現了一個人應當追求的價值。我們活著就應該努力做點什麼事，這樣才不至於在世界上白活一輩子！

美國一所大學做過一項實驗，研究人員將一隻青蛙猛地丟進燒有沸水的鐵鍋中，青蛙受到意外的強烈刺激，奮力一跳，躍出鍋外，拯救了自己一命。而後，研究人員仍將這隻青蛙放進裝滿涼水的鐵鍋，然後在鍋下逐漸加溫，青蛙毫無覺察地在溫水裡悠然自得，直到牠感到水燙得無法忍受時，再想跳出水面卻已動彈不得，枉送了性命。

「青蛙未死於沸水而滅頂於溫水」的結局，很是耐人尋味。青蛙第一次能死裡逃生，是因為牠意識到危險，盡其所能進行反抗；第二次葬身鍋底，則是由於牠懈怠，在不知不覺中失去求生彈跳的能力。若是鍋中之蛙能時刻保持警醒，在水剛溫熱之時，迅速躍出，也為時不晚，不至於發展到難以挽回而被煮死的境地。

難道這還不夠我們警醒嗎？沉湎於溫柔富貴鄉就等於混吃等死！

每個人都與享受無仇，所以我們總是在舒適安逸中淪陷。當你陷入這種狀況之後，便會在無意識中放鬆對自己的要求，這時候，你便在不知不覺中滑入到危險的溫水中。當你正閉目享受舒適的「半身浴」時，危險已像魔鬼一樣臨近了！當溫水被緩慢加熱，火勢越來越旺，你離悲慘的結局也就不遠了！

一個人活著，最重要的就是實現自我價值，否則就是行屍走肉。如果一個人只是為了滿足物欲而活著，作為人的價值就不知在哪裡。所以，一個真正有志向的人會奮力拼出一番事業，用行動證明自己的人生。

當你在二十幾歲的時候，可以刺青，可以奇裝異服，可以賭氣辭職四處旅行，也可以大醉一番。總之，做事越不苟世俗，越顯得青春很酷，以為這就算是真我的風采了。但到了三十幾歲的時候，你就要變得愈加現實起來。雖然非常討厭上司和同事，但為了飯碗，必須乖乖就範。也許會在某天突然對某個人動情，但卻突然想到「又能怎樣呢」，於是澎湃的心潮平靜了下來。來來往往，匆匆忙忙，從此把成本和收益作為擇偶時的先決條件，年輕漂亮的自己奉陪不起，年齡大的又擔心色衰愛弛。既不想傷害別人又捨不得全心付出。所有的風花雪月，都在這反反覆覆的衡量和計較中消磨殆盡。

這時候，所有的風花雪月都已遠逝，留下的只有現實，而且是一個需要持久努力才能看到成就的現實。

這時候，你一定要認清自己的使命。你不是一個有錢有閒的「財主」，可以通宵玩樂。你需要選定人生的方向、行業和未來。不要逃避，不要哀傷，請勇敢地面對。

這時候，不要以為年輕是自己驕傲的資本。面對物欲橫流的社會、接踵而來的壓力，任何人都不能當一名逃兵。我們沒有為自己「減壓」的資格，而且不僅不能減壓，還要有意識地為自己加壓！

一個人的成功，其實就是跟安逸生活抗爭的過程。要想戰勝安逸，第一步就是給自己設定一個不斷進取的目標，對生活充滿戰鬥意志；第二步要對風險有警惕意識，時刻保持冷靜頭腦，不可在已取得的成就裡留戀不已、沉湎不醒。

不要在欲望面前迷失自己的本性

原文

欲路上事，毋樂其便而姑為染指，一染指便深入萬仞；理路上事，毋憚其難而稍為退步，一退步便遠隔千山。

譯文

對於欲念方面的事，不要因貪圖眼前的方便而隨意沾染，一旦放縱就會墮入萬丈深淵；對於道義方面的事，不要因害怕困難而退縮不前，一旦退縮就離真理萬水千山。

花有五顏六色，人有七情六欲。每個人都是吃五穀雜糧長大的，怎麼可能沒有七情六欲？東漢哲人高誘曾解釋什麼是六欲：「六欲，生、死、耳、目、口、鼻也。」可見六欲是指人的生理需求或欲望。這些都是人類與生俱來的天性，我們無法擺脫和剔除。

人要生存，就怕死亡。要活得有滋有味，有聲有色，於是嘴要吃，舌要嚐，眼要觀，耳要聽，鼻要聞——這些欲望與生俱來，不用人教就會。哪怕是一個剛生下來三天的孩子，也知道享受舒適的環境，一旦有哪裡覺得不舒服，就會不滿意地放聲大哭。對成人來說，就更不用說了，人群中早就流行這樣一句話：「能坐著絕不站著，能躺著絕不坐著。」這句話不就說人嗜好享樂的天性嗎？每個人都有欲望，我們活著必須加以滿足，但一個人活著卻不是為了單純地滿足欲望。比如說，吃飯是人最大的欲望，但吃飯是為了活著，而活著卻絕不僅僅為了吃飯。道理很簡單，一個人既然活著，就註定無法徹底擺脫欲望，也沒必要擺脫，但卻一定要在欲望面前保持清醒的頭腦，知道什麼是自己最需要的，什麼是自己最應該做的，永遠不要迷失自己的本性。

夜深之後，市長家的門被敲開了。「請問，這裡是陳市長家嗎？」來客戴著一副黑框眼鏡，很有禮貌，他的手裡卻提著大包小包，也不知裝了些什麼。

開門的女人猶豫了一下，說：「對不起，陳副市長去外地開會了，最近不回家，請不要到這裡來了。」然後就把門關上了。

回到臥室，她把這件事告訴了丈夫。陳副市長感激地望著妻子，說：「請神容易送神難，讓他進來容易，可讓那些東西出去就難了。所以不管誰來，只要提著東西，不能說『請進』，一次都不能！」

不管你是有權有勢的市長，還是平凡的普通人，在為人處世過程中，都應該保持高度的警覺，絕不能讓物欲和情欲迷失自己的本性。因為只要有一次，非分的享樂在你的腦海中就會像滾雪球一樣越滾越大，壓垮你的神經，讓你徹底墮落！

關於如何節制欲望，是每個人所面臨的永恆課題。對此，《菜根譚》中說：「心體光明，暗室中有青天；念頭暗昧，白日下有厲鬼。」意思就是，如果心地光明磊落，即使是在黑暗的屋子裡，也如頭頂明亮的天空；如果心地邪惡不正，即使在青天白日下，也會遇見陰森的厲鬼。擺脫欲望的糾纏，還一顆本真的心，這才是真正懂得生存哲學的聰明人。

很多人知道偷懶是不對的，可就是無法控制自己玩樂的欲望，沉迷於網路上各種遊戲。不要小看這一點不起眼的毛病，它很可能讓一個本該成為專業精英的天才，只能待在平庸的職位上虛度一生——惰性讓人無法突破自己，欲望讓人迷失了前進的方向。請謹記這個忠告：「你只有把每天該做的事情做完，才有資格做自己想做的事情。」該做的事情是一份責任、一份擔當，想做的事情是我們自己內心的欲望，我們一定要平衡好兩者之間的關係，別讓欲望無休止地氾濫，從而毀掉自己的人生夢想和健康的生活。

古人有句話說：「莫待老來方學道，孤墳盡是少年人。」年輕時我們任性胡來，將來留給別人的只能是自己失敗的背影。事實就是如此，只要在欲望面前不迷失自己，每天按照計畫努力，相信你的人生目標終會實現。

戰勝心魔，才能走上王道

原文

降魔者，先降自心，心伏，則群魔退聽；馭橫者，先馭此氣，氣平，則外橫不侵。

譯文

要想降伏惡魔，首先要降伏自己內心的邪念，只有把自己內心的邪念降伏了，那麼所有的惡魔自然會消除；要想糾正驕橫無禮的行為，必須先駕馭自己的浮躁之氣，只有把自己的浮躁控制住了，那些外來的紛亂就自然不會侵入。

有個小和尚學入定，可每當入定不久，就感到有隻大蜘蛛鑽出來搗亂。沒辦法，他只得向老和尚請教。

小和尚說：「師父，我每次一入定，就有大蜘蛛出來搗亂，趕也趕不走牠。」師父笑著說：「那下次入定時，你就拿枝筆在手裡，如果大蜘蛛再出來搗亂，你就在牠的肚皮上畫個圈，看看是哪路妖怪。」

聽了老和尚的話，小和尚準備了一枝筆。

再一次入定時，大蜘蛛果然又出現了。小和尚見狀，毫不客氣，拿起筆來就在蜘蛛的肚皮上畫了個圈圈作為標誌。誰知剛一畫好，大蜘蛛就銷聲匿跡了。沒有了大蜘蛛，小和尚就可以安然入定，再無困擾了。

過了好長一段時間，小和尚出定後，一看才發現，原來畫在大蜘蛛肚皮上的那個圈記，就赫然在自己的肚臍眼周圍。

小和尚這時才悟到，入定時的那個破壞分子——大蜘蛛，不是來自外界，而是源於自己念頭上的心猿意馬。

這隻蜘蛛其實是我們每個人的「心魔」。心學大師王陽明先生曾說：「破山中賊易，去心中賊難。」這就是人們常說的魔由心生的道理。一個人誤入歧途，只有把他的心魔趕走，才能救這個人，否則也只是白費勁而已！

《菜根譚》中說：「耳目見聞為外賊，情欲意識為內賊。只是主人翁惺惺不昧，獨坐中堂，賊便化為家人矣！」意思就是，耳朵聽到美音，眼睛看到美色，這些外界誘惑都是外來的盜賊，心中的欲念是人內心潛藏的家賊。可是只要靈魂保持清醒，在堂中央坐穩，那麼這些所謂的賊也被感化為自己的家人了！確實如此，邪與正往往只在一念之間，我們只有克服了心魔，才能走上正道！

在人的一生中，總會有各種各樣的誘惑阻礙我們成功。這是魔鬼的詭計，誘惑我們上當，從而奪取我們成功的資本。也許只是一念之差，你便任由欲望支配身體，然後稀裡糊塗做出不計後果的事情。我們的人生從此步入一條完全不同的道路。這就是「一失足成千古恨，再回頭已是百年身」所講的道理。

關於內心時刻上演的這場沒有硝煙的戰爭，《菜根譚》中描繪得十分逼真：「念頭起處，才覺向欲路上去，便挽從理路上來。一起便覺，一覺便轉，此是轉禍為福、起死回生的關頭，切莫輕易放過。」意思就是，當心中的欲念剛浮起，發覺有走向邪路的傾向，就應該立即用理智把自己拉回正路。欲念一起就警覺，警覺之後就糾正，這正是轉禍為福、起死回生的緊要關頭，絕不可輕易放過。

在民國時期，黃埔軍校禮堂上掛著這樣一幅對聯：「窮理於事物始生之處，研幾於心意初動之時。」意思是說，萬事萬物往往是最初的規律和意念決定了它最終的走向。

事物初生和心意萌動之際，往往藏有大玄機，對此深研細究足可以修身養性。該對聯是蔣介石自撰，請孫中山書寫，懸掛以自我儆戒。同樣道理，壞想法剛剛萌生之際如果不及時制止，任由它主宰頭腦，就必定會造成嚴重的後果。所以，在不良欲念蠢蠢欲動之際，我們就應該當機立斷，馬上付諸行動，這樣才能扭轉局面。

Chapter

10

盡人事，聽天命

謀事在人，成事在天。一語道破世間成敗的玄機。一個人的成功既靠努力，也靠機運。機運有時是不平等的，好時能讓人功成名就，壞時讓人一事無成，我們怎能夠奢求自己特別幸運呢？我們所能做的一切就是——盡人事，聽天命。

貨比貨得扔，人比人得死

原文

事稍拂逆，便思不如我的人，則怨尤自消；心稍怠荒，便思勝似我的人，則精神自奮。

譯文

不如意時，想想那些不如自己的人，怨天尤人的情緒就會消失；自我感覺優秀而開始懈怠時，想想比自己更強的人，就能夠抖擻精神，奮起直追。

俗話說：「貨比貨得扔，人比人得死。」在現實中如果妻子三不五時就跟丈夫說：某某某真厲害，事業有成，每天出入賓士，多氣派！久而久之，丈夫難免感覺不是滋味，心中不禁耿耿於懷。

事實上，幸福並不可比。因為沒有止境、沒有固定的標準，如果硬要與最頂尖的成功人士比較的話，我們永遠都是望塵莫及。要想心理平衡，就乾脆找不如自己的人比較，這樣你才能看清自己擁有的東西。正如一個人所說：小時候家裡很窮，沒有鞋子穿，我以為自己是最不幸的人。直到有一天，我在街上看見一個沒有腳的人……所以，在生活中我們應該懂得這樣一個道理——比上不足，比下有餘。

上海是個競爭激烈的城市，張文薪酬微薄，工作了五年，也只是剛解決溫飽問題。眼看著同齡人都買房結婚了，親朋好友都替他著急。母親對他說：「房子很重要，該想想辦法了。還記得你的高中同學小侯嗎？他高級轎車都換兩輛了！」張文笑著對母親說：「人比人，氣死人，我要整天對這些耿耿於懷，非鬧出人命不可。」

張文不慌不忙，按照自己的人生規劃，一步步地努力著。不久，他交了女朋友，女友有時會對身邊有房有車的好友表示羨慕。這時張文就會寬慰她：「既然現實很難改變，為什麼不想想那些還不如我們的人呢？他們連一份長期穩定的工作都找不到，我們能夠租住兩房一廳的房子，已經夠幸福了！」

憑著這種的心態，張文在上海的發展漸入佳境。平和的人生態度，讓他抓住一個又一個機會。由於業績突出，他被提升為公司企劃部經理，收入暴漲了十幾倍，跟女友也很快買房結婚。結婚以後，當妻子滿足於安逸的現狀時，他又把目標放在更上一層樓，努力爭取公司副總經理的位置。

一個人應該明白自己該做什麼、不該做什麼，根據形勢變遷，隨時調整自己的心態。境遇不佳時，想想那些生活艱苦的人，使心態趨於平和。當事業發展得順風順水時，則應該將眼光瞄準比自己更優秀的人，以激勵自己繼續奮鬥，勇猛前行。

清代石天基在《長生秘訣》中說：「每遇不如意事，即將更盛者比之，心即坦然大樂矣。」如古人云：「他騎駿馬我騎驢，仔細思量我不如，回頭看見推車漢，上雖不足下有餘。」如果自己想通了，就不鬱悶了。

一個人總是喜歡和人比較，則肯定會心情鬱結，悶悶不樂，長久下去，心理就很容易失衡。如果走進這條「死胡同」，就可能從此變得心胸狹窄，憤世疾俗，這對自己的現狀，其實沒有半點改變。如果在這泥潭中越陷越深，必定影響到自己人生的發展。

只要牢牢把握「逆境比下，怠荒思上」的原則，我們就能擁有較高的幸福指數。當你總是與別人作比較而耿耿於懷時，為何不改變一下自己的思維方式呢？

每個人的人生都是「自作自受」

原文

老來疾病，都是壯時招的；衰後罪孽，都是盛時造的。故持盈履滿，君子尤兢兢焉。

譯文

年老體弱多病，都是年輕時不注意保養造成的；事業衰敗後惡孽纏身，都是興盛得意時埋下的禍根。所以在功成名就的時候，真正的聰明人會更加小心謹慎。

俗話說：「種瓜得瓜，種豆得豆。」這句話源自《涅槃經》，最初版本為：「種瓜得瓜，種李得李。」這只是一個比喻，即有了什麼因，就能得到什麼果——善因得善果，惡因得惡果。還有句俗話說：「惡有惡報，善有善報。不是不報，時候未到。」其意思就是，現在犯下的錯誤，一天天積累下來，日後就可能會遭受懲罰。一個人如果今天得到回報，那也一定得益於昨天努力的結果，這正是「福往者福來，愛出者愛返」。

然而，天有不測風雲，人有旦夕禍福，總會有些時候，種瓜不一定得瓜，種豆不一定得豆，還有可能絕收。什麼事都存在一定的風險。有風險就可以不種地了嗎？不能！因為那是要餓肚子的。我們必須勇敢地播下自己的種子，只有這樣才能在日後有所收穫。這就要求我們要會選地、會挑選種子，沒有條件要創造條件以求豐收。

我認識一位叫陳浩的大學生，由於家境不好，讀大學欠了幾萬塊錢的債，畢業後又找不到一份合適的工作。他陸續做過房產經紀人、賣過衣服、送過報紙，甚至連直銷也做過半年，就像順口溜中說的「我是一塊磚，哪裡需要哪裡搬」。

這樣的生活不可謂不苦，收入零零碎碎，既要還債，還得吃飯交房租。但陳浩覺得自己的生活很充實，每天都充滿鬥志。經過兩年的打工生涯之後，他發現時機到了，在電影院對面開了一家火鍋店。

火鍋店生意很火，每天顧客應接不暇，很快他就賺不少錢。回憶起當初開店的情景，陳浩總結說：「開這個店，選址是最慢的，裝修是最累的，開業是最傷腦筋的！」一系列的問題，全靠一個人解決。在這種充實的生活中，他體驗到奮鬥的快感，嘗到了成功的滋味。他感慨道：「誰說苦不是樂的種子呢！」

《菜根譚》說：「一苦一樂相磨練，練極而成福者，其福始久；一疑一信相參勘，勘極而成知者，其知始真。」意思就是，在人生路上經過艱難困苦的磨練，會獲得幸福的，這樣的幸福才會長久；對知識的學習和懷疑交替驗證，探索到最後而獲得的知識，才是千真萬確的智慧。

萬事萬物都一直持續在變化發展著，從失敗中汲取教訓，可以結出成功的果實。但如果在春風得意之際忘乎所以，則容易樂極生悲。這樣的例子屢見不鮮，春秋時期的周幽王娶了個美女褒姒，這女人豔若桃李、冷若冰霜，就是不喜歡笑。周幽王為博佳人一笑，派人點燃烽火臺報警，謊報敵人來襲，於是各路諸侯慌忙前來救駕，結果發現竟是大王開的一個玩笑，都惱恨而歸。後來敵人真的來襲，再無人前來救援。就這樣，追求享樂的周幽王最終害了自己，迎來悲慘的結局。晉朝大臣石崇比皇帝都有錢，因為炫富卻惹來了殺身之禍。對一個春風得意的人來說，樂正是苦的種子，如果稍有成績便得意忘形，盛極而衰的規律就會應驗。

王義、牛飛、崔鵬，三個人是大學同學。他們一同畢業，又一同進入一家企業工作。一年後，大學老師來看望他們，卻發現三個人有很大差距：王義當上總經理助理，工資八千元；牛飛當上了辦公室主任，工資是六千五百元；崔鵬是一名普通職員，工資是三千五百元。老師有很大疑惑，於是找到企業經理詢問其中的原因。這位經理沒有正面回答老師的問題，而是把三個人同時叫來，同時向他們下達一個任務，讓他們去港口調查一個貨船的貨物情況。兩個小時後，崔鵬回來彙報：「船上裝的是皮毛製品。」牛飛回來彙報，說貨船上裝的是皮毛製品，進口地區、數量和品質如何如何。最後王義回來報告，他彙報了皮毛數量、品質，還彙報了其他有價值的貨物以及具體價格，而且與對方溝通了合作意向。看到這一切，老師恍然大悟。這三個學生今天的差距不就是「作為」上的差距嗎？

人生就是如此，因與果密不可分。有一位曾仕強教授，在總結人生時說過一句很經典的話：「我認為每個人的人生都是自作自受。」我們今天的成就，取決於昨天的努力；明天的前景，取決於今天的付出。這一環做得不好，下一環就會變得更加糟糕。你耕種什麼種子，就會收穫什麼樣的結果；如果今天從來不曾耕種過，那就什麼也得不到。

盡人事，聽天命——腳踏實地努力，剩下的交給天定吧

原文

人之際遇，有齊有不齊，而能使己獨齊乎？己之情理，有順與不順，而能使人皆順乎？以此相觀對治，亦是一方便法門。

譯文

機遇有時是不平等的，好時能讓人功成名就，壞時讓人一事無成，我們怎能夠奢求自己特別幸運呢？就連你自己的情緒都是有好有壞，你又怎能要求別人事事都順從你的意願？我們應該平心靜氣地來想這個問題，設身處地，反躬自問，這是領悟人生的一個很好途徑。

《三國演義》中第一百零三回，諸葛亮精心設計把司馬懿誘入上方穀內，以乾柴火把截斷穀口。司馬懿進退無路，面臨火焚滅頂之災。正在此時，天地間狂風大作、驟雨傾盆，大火很快被大雨澆滅。司馬懿趁機殺出重圍。事後，諸葛亮仰天長歎說：

「謀事在人，成事在天。不可強也！」

「謀事在人，成事在天」，一語道破人間成敗的玄機。當我們覺得自己即將春風得意時，命運偏偏會送來失意。這說明，成功既靠自己的主觀努力，也靠客觀機運，不是你能力達到了，準備充分了，就會百分之百成功。這就告訴我們，不走運的時候看開一點，不要總是悶悶不樂，要學會安慰自己。

不過，現在也有很多人相信天命，認為命運是天注定的。確實如此，做事是否有成效，做人能否得到別人的認可，這些最終的結果並非完全由我們自己決定，但如果你不做事，就是上天想幫你也幫不上！所以，我們能做的一切就是——盡人事，聽天命。要想成就大業，就要天天謀事做事，剩下的就交給天定吧。

每個人都需要認真生活，這或許就是盡人事的責任。一般來說，主要體現在下面幾點：

一、不要許下輩子的諾言。下輩子往往是騙人的，你又怎麼知道下輩子你不是阿貓阿狗？你又怎麼知道下輩子還能記得住這輩子沒做完的事情？如果這輩子有什麼事情要做，就抓緊時間做完吧，沒有時間給你留到下輩子！

二、身體是革命的本錢。只有身體是實的，其他都是虛的。如果你身體孱弱多病，那麼再大的雄心壯志也將望洋興嘆，心有餘而力不足。好的身體可以幫你實現夢想，好的身體還能讓你陪伴所愛的人走得更遠更久。如果想老了之後和愛人在夕陽下漫步，就請好好愛惜自己的身體吧！

三、不要動不動就說自己已經不會愛了之類的話。真正的愛情是以時日相伴成長的，如果你在愛情中受了傷，不妨想一想，你丟掉的是一份和你沒有緣分或者不適合你的愛情，何嘗不是一種運氣？

四、記住，你只能活一輩子。以豁達的心態面對人生，這輩子如果能少些怨恨、憤怒、悲傷、沮喪，到老了你就會發現自己是何等幸福。諾貝爾文學獎得主馬奎斯說：「生活不是我們活過的日子，而是我們記住的日子，我們為了講述而在記憶中重現的日子。」的確，我們之所以用心活好當下，就是為了以後回憶的時候有資本。否則，當你老的時候，會發現自己這一生沒有快樂的往事可回憶，你真的會覺得這一生白白活過。

出世是為了更好地入世，入世是為了更好地出世

原文

思入世而有為者，須先領得世外風光，否則無以脫垢濁之塵緣；思出世而無染者，須先諳盡世中滋味，否則無以持空寂之苦趣。

譯文

一個人要想在社會上有所作為，須先以出世的心態，在山水間領悟人生真諦，否則就沒辦法清除內心的塵俗欲念。一個人要想進入飄逸脫俗的境界，須先以入世的心態，在世俗間嘗盡酸甜苦辣，否則就沒辦法承受日後寂寞的清苦。

在朱光潛的一本美學經典裡，他寫道：以出世的態度做人，以入世的態度做事。這句話可謂一語道破人生真諦。

「人生一世，草木一秋。」我們每個人都是人生舞臺上的匆匆過客，無論你是帝王、富豪，還是平民、乞丐，都無一例外！不少人為此看破紅塵、遁入空門，但這只是一種出世的姿態。《菜根譚》中說：「出世之道，即在涉世中，不必絕人以逃世；了心之功，即在盡心內，不必絕欲以灰心。」意思就是，遠離凡塵出世修行的道理，應在人世間摸爬滾打來修煉，根本不必要離群索居與世隔絕；內心了悟修行之功，就在每日認真盡心的生活態度內，根本不必斷絕欲望使自己形如枯槁、心如死灰。這才是徹悟之言。現實生活是最為殘酷的，我們誰都無法逃脫滾滾紅塵的追擊。每個人只有付出真正的努力，才能在社會上奪得一席之地，從而真正擁有出世隱退的資格。否則，所謂的出世和修行只是逃避現實的藉口。

然而，為什麼在激烈競爭中未能被擊敗的人，卻在功成名就的時候倒下來了呢？究其原因，就在於他們只記得賣命打拼，卻忽略了人生也是需要出世調整精神的。出世是為了更好地入世，所以，真正智慧的人不會只講「出世」或者只講「入世」，他們懂得將「入世」與「出世」融合，從而體驗一種更豐富的人生。

眾人皆知的電影明星李連杰，事業成功，家庭幸福。他既是影視圈的紅人，又是慈善事業的推動者。同時，他還是一個虔誠的佛家信徒，非常注重對自己內心的審視。在接受一家電視臺採訪時，他向人們分享自己的修心理念：「許多人之所以走錯路，是因為分不清哪是妄心，哪是真心，私心雜念太多，又不懂得消除的方法，於是只能被欲望牽著鼻子走，喪失了純淨之心。」

如何才能讓心靜下來？李連杰的方法很簡單，每天晚上臨睡前，他都會給自己留出一個小時的看書時間，藉由閱讀，喚醒內心最單純的思考狀態，擺脫白天功利的思維方式。這樣的閱讀，就是一種跟自己內心對話的過程，從而意識到平時哪些想法不恰當，或者哪些做法不合理。

此外，在拍完一部戲之後的閒暇期間，李連杰還會找情投意合的朋友下下棋、釣釣魚、聊聊天，讓身心徹底放鬆。在下棋和釣魚過程中，以聊天的方式真誠探討問題，解決平時積累下來的心靈困惑。這樣就達到一種靜若止水的狀態，從而清除雜念，找回真心。

活在這個世界上，每個人都免不了要追逐名利，獲得物質的享樂。這無可厚非，但不切實際的想法太多，就會讓我們迷失自己，從而來不及審視內心，體會不到人生本身的快樂。

如何才能消除塵俗雜念和日常煩惱呢？就像李連杰建議的那樣，讓心靈從俗世中走出，然後審視自己，跟自己的內心對話，驅除那些妄念、邪念。只有淡泊名利，才能超脫悲喜，這正是出世心態帶給我們的益處。

春秋時期，有一天，莊子的妻子去世了。像這種情況，別人都是捶胸頓足、號啕大哭，而莊子卻一點悲傷的樣子也沒有。圍觀的人看不下去了，問他：「你為什麼不哭？」莊子回答：「一百年前沒有她，現在又沒有了她，她從虛無中來，現在又回到虛無中去，就像回家一樣，我應該理解她，又有什麼可難過的呢？」

在莊子這裡，我們感受到一種超脫世俗的巨大力量。雖然莊子也很留戀親人，為妻子的去世感到遺憾，但他更清楚生老病死是不可避免的，再怎麼悲傷也無濟於事，所以，他能夠看破並且放下。關於這種超然的哲學，《菜根譚》中如此寫道：「山河大地已屬微塵，而況塵中之塵；血肉身軀且歸泡影，而況影中之影。非上上智，無了了心。」意思就是，從整個宇宙無限的空間而言，山河大地所在的地球只不過猶如一粒塵埃，而地球上的小小生物與無邊宇宙相比更是渺小得猶如塵埃中的塵埃。從綿延無盡的時間長河來說，我們的血肉之軀只不過是短暫的浪花泡影，而那些比生命更短暫的功名利祿更是泡影中的泡影，猶如過眼雲煙。如果沒有上上等的智慧和境界，是很難徹悟其中奧義的。很多時候，如果我們能以這種出世的態度來觀察問題，就會釋然頓悟，不再有悲傷和痛苦。

出世，是為了更好地入世；入世，是為了更好地出世。只有悟透兩者之間的關係，我們才真正掌握人生的要害。有人說：「問題的關鍵不在於我們遇到了什麼事，而在於我們對這件事的看法。」確實如此，看法決定情緒，態度決定悲喜。只有擺脫世間俗務的束縛，用一顆出世之心來入世，工作才能更順遂，人生才能更快樂！

騰不出時間休息的人，一定會騰出時間來生病

原文

歲月本長，而忙者自促；天地本寬，而卑者自隘；風花雪月本閒，而勞攘者自冗。

譯文

自然界的歲月本來是很悠長的，可是那些奔波勞碌的人卻自己覺得時間很短促；自然界的天地本來很遼闊，可是那些心胸狹窄的人卻把自己侷限在小圈子裡；風花雪月本來是供人欣賞調劑身心的，可是那些勞碌煩擾、熙熙攘攘的人卻認為這是一種多餘無益的事。

眾所周知，現代人把自己逼上了梁山，只知道要爭口氣，發誓打下自己的一片海闊天空，這樣才有本錢在別人面前挺直腰桿子。但可悲的是，許多人在拼殺勞碌中忽視了休閒和健康問題，結果「贏得了世界，卻失去了自己的健康」。這樣，即使贏得「世界」，又有什麼意義？

一個人要想成就事業，就必須吃得苦中苦，方能成為人上人。可問題是，成為「人上人」的代價和結局是什麼？——許多成功者之所以成功，是因為他們在別人休息的時候工作，在別人享樂的時候煎熬，在別人風花雪月的時候忍受孤獨。這樣的代價不可謂不大。

在很多人眼裡，時間就是金錢，物質上的富足才能讓自己更有成就感。多加幾個小時的班就等於多一份勞動成果；多見一個客戶就等於多一個合作機會；多喝一杯酒就等於多交一個生意夥伴……一天到晚，好像永遠有忙不完的事情，永遠騰不出時間去看場球賽、做一次健身、和朋友品嘗一頓火鍋以及陪另一半到戶外走走……這一切都是可望而不可及的人生奢望，豈不是一件悲哀的事嗎？要知道，一個人如果懂得忙中偷閒、鬧中取靜的道理，享受閒適其實只是舉手之勞而已！

李海鵬是家軟體公司的專案經理，風度翩翩，舉手投足之間盡顯三十歲男人的魅力。他在公司女同事眼中簡直就是心中最理想的白馬王子，有房有車有才華。

這樣的男人看上去是絕對的精品，在男人堆裡也算是佼佼者。可是，果真如此嗎？海鵬酒醉之後，問我：「哥們，你看我是不是特風調雨順？」我說：「當然，哥你是咱一群朋友裡活得最光榮的一個。」「呸！我他媽是最孫子的一個。」

「哥好像從來沒這麼崩潰過，原因何在？難道你活得比竇娥還冤？」對於海鵬的此番酒後之言，我以為只是一時之想。殊不知，他還真的一把鼻涕一把眼淚了，「上個月，我在家洗澡，結果出來暈倒了，我去醫院一檢查，你知道是怎樣嗎？」這時候的海鵬似乎變得有些認真了，「醫生說我再這樣下去，過不了十年就到閻王那報到了。」我越聽越糊塗，看眼前這個金光閃閃的年輕有為的帥小夥，依然春光滿面，沒有一絲病入膏肓的樣子。

「腦部血管梗塞，供血不足！你說這樣下去我還能有好日子過嗎？而且我的大腸還有毛病。」

看似意氣風發的李海鵬得了很多白領人士的通病。這類人都是平時工作壓力太大，沒有自己的休閒時間，生活太緊張，最終導致健康崩潰。「騰不出時間休息的人，一定會騰出時間來生病」，相信這對每個人來說都是一句強有力的警醒。可是，現代人似乎已經捲入一個巨大的漩渦之中無法自拔了，身體如一架超負荷運轉的機器每天都在磨損，卻根本騰不出時間維修。長此以往，三高、精神不濟、失眠，甚至腦溢血等疾病就會主動找上門來！到那個時候，恐怕再多的營養品和藥片都無法拯救你。

試想全世界的國家元首們，每天忙忙碌碌，可謂日理萬機，擔負的責任恐怕比你大得多。可他們的生活很有規律，比如美國首任總統喬治・華盛頓是一位騎馬能手，騎術高超，一生中將近有三分之一的時間是在馬背上度過的；克林頓總統在白宮期間的健身「秘方」是：星期一，圍繞林蔭大道跑五英里；星期二，以自己最快速度攀登國會山十次；星期三，休息；星期四，爬林肯紀念堂的臺階（約有六十～七十級）五次；星期五，在白宮跑道上跑步。

由此可見，為夢想打拼和休閒靜修並不矛盾，兩者是可以協調的。適當的休閒和靜修更有助於個人修為的提高。《菜根譚》中說：「此身常放在閒處，榮辱得失誰能差遣我；此心常安在靜中，是非利害誰能瞞昧我。」意思就是，經常騰出時間將身體安放在閒適中休憩，則世間所有榮辱成敗都無法左右我；經常把自己的心靈放在幽靜的環境中頤養，則人間的是非利害都不能矇騙我。一味忙碌並不是抵達目標的正確途徑，唯有忙閒結合，才能讓事業和生活雙豐收。關於這一點，清人張潮在《幽夢影》中寫道：「能閒世人之所忙者，方能忙世人之所閒。」很多改變人類的偉大發明及重大舉措，都是在休閒中無意中獲得的靈感。

一位醫生曾這麼說：人的正常休息時間最少要達到七個小時。從二十歲開始，每十年身體的新陳代謝水準就會下降2％。如果再不注重休息和養生的話，人體的衰老還會更快。如果你不信，可以注意一下你的掉髮情況是不是開始由幾根變為幾十根？你的視力還能不能與五年或者三年前相比？你還能不能在十二秒內跑完一百公尺？等你爬完十層樓梯的時候，你是不是滿臉通紅、兩腿發抖？你是不是有時胃酸過多？

如果你有三項「中標」，那麼就應該忙中偷閒，讓自己的「繁忙」收斂一些了！《禮記》中說：「一張一弛，文武之道。」這正是我們對待工作和生活的辦法。這樣一來，我們既不被事業壓垮身子骨，又不讓惰性肆無忌憚地蔓延。根據自己的具體情況，制定一個張弛有度的生活計畫。比如週末兩天，儘量不談工作，而是外出走走、散心或者和心愛的人在家研究美食；週一到週五的工作時間，白天全身心投入，讓工作高度有效率，晚上則盡情享受短暫的休憩。閒忙結合、做事順利，生活也情趣盎然，不亦樂乎？

請要牢記——心可以是鋼做的，因為有了鋼鐵般的意志才能克服困難、成就事業，但你的身體卻絕不是鋼做的，只有經常騰出時間來呵護它，身體才會生龍活虎，事業才會更上層樓。

吃飯的時候吃飯，睡覺的時候睡覺

原文

禪宗曰：「饑來吃飯倦來眠。」詩旨曰：「眼前景致口頭語。」蓋極高寓於極平，至難處於至易；有意者反遠，無心者自近也。

譯文

禪的心法是：「餓了就吃飯，睏了就去睡覺。」詩的宗旨是：「眼前的景致，口頭的語言。」所以，高深的境界往往見於普通平凡之中，困難的事情往往從簡單的地方入手。刻意追求，反而距離真理越來越遠；無心而為，反而越來越接近大道。

一個學禪的弟子問：「師父，什麼是禪？」

師父回答道：「吃飯的時候吃飯，睡覺的時候睡覺。」

弟子說：「師父，這太簡單了。」

「沒錯。」師父說，「可是很少有人做得到。」

人的一生有太多的追求，因為這些追求，我們奔波勞碌，忽視了身邊的花鳥，近在眼前的樂趣我們視若無睹。就像夸父追日一樣，我們追逐永遠追不上的東西。

也許你會說，生命正是因為這些追求才顯得有意義。但是，如果你的追求永遠讓你疲倦地奔跑，甚至沒有享受生活的時間，那麼你的追求也就失去了最初的意義。你只是一個疲倦的奔跑者而已！

我的朋友馬先生創辦傳媒公司，年利潤驚人，有房有車。在外人看來，可謂是生活十分富裕，這輩子還有什麼可擔心的呢？可在二〇〇八年他卻患上嚴重的憂鬱症，不得不去找心理醫生診治。

原來受經濟危機的影響，馬先生所在行業形勢堪憂，傳媒業務非常難做，連續虧損幾個月了。他每天活在巨大的壓力之下，擔心公司倒閉、員工樹倒猢猻散、妻子甩手而去、朋友紛紛逃離……

心理醫生在得知情況後，建議他將工作交給自己的手下，離開都市——欣賞田園風光，看看那些閒適農人的生活。心理醫生還告訴他：你擔心的這些其實並不重要，它們不是你最終的人生目標，內心沉靜才真正幸福。如果內心充滿憂慮，即使坐擁金銀財寶，每天對著山珍海味，又能如何呢？

馬先生聽了醫生的話醒悟了。從那以後，不再整天忙著賺錢，而是每隔一段時間，就帶著妻兒去雲南鄉下作客。一家人遊山玩水、吃粗茶淡飯、住小竹樓，馬先生覺得自己彷彿變了一個人，心裡的病全好了，而公司也隨著經濟形勢的好轉起死回生。他忍不住感歎——原來這才是自己想要的幸福！

《菜根譚》中說：「人知名位為樂，不知無名無位之樂為最真；人知饑寒為慮，不知不饑不寒之慮為更甚。」意思就是，人們都知道擁有名利和權勢是人生一大樂事，卻不知道清靜自足的人生才是最實在的；都覺得饑餓和寒冷可怕，卻不知道衣食不愁之後，由於欲望太多而患得患失的精神折磨更加痛苦。

也許你很忙碌，時間被排得滿滿的，但為什麼你並沒有因這些忙碌而感到內心充實？因為你一直生活在別處，你的心不在此時此地。每天見的人是你不喜歡見的，做的事是你不喜歡做的。你感覺疲乏，感覺自己失去力量，心裡彷彿有一個巨大的黑洞。

很多人原本就浸泡在幸福的蜜罐裡，卻總是追問自己的幸福在哪裡。這不是很好笑的一件事嗎？《菜根譚》中說：「有一樂境界，就有一不樂的相對待；有一好光景，就有一不好的相乘除。只是尋常家飯、素位風光，才是個安樂的窩巢。」意思就是，人生有一快樂事，就有不快樂的事相對應；有一好風景，就有惡風景前來抵消。什麼是幸福呢？看來只有每天的家常便飯、日常生活，才是真正的安樂去處。所以，不要再無休止地迷戀白日夢中的幸福了，只要你睜開眼睛，就會驚奇地發現幸福就在此時此刻，就藏在你每天的家常便飯和日常生活之中。所以，戀愛的時候享受愛情，工作的時候享受打拚的過程，踏踏實實地過好每一天，這就是幸福。

正如禪宗所言，該吃飯的時候吃飯，該睡覺的時候睡覺，這不都是平凡中的幸福嗎？從今天開始，讓我們用心體驗當下的日常生活吧！

後記

為寫作本書，本人研讀明代洪應明所著《菜根譚》原文，並結合當今社會實際情況，梳理出一套自己的解讀和詮釋。那麼，《菜根譚》究竟是一本什麼樣的書呢？

這是一本以處世思想為主的格言體小品文集，作者洪應明，字自誠，號還初道人。該書熔儒、釋、道為一爐，糅合儒家的中庸思想、道家的無為思想和佛家的出世思想，處處可見真知灼見。內容包括修身、處世、待人、接物、應事等各個人情世故要點，所言所語一針見血、令人警醒。

《菜根譚》成書於明朝萬曆年間，四百年來影響深遠、經久不衰。不僅於此，該書還傳入日本，成為日本企業界的案頭必讀書。從日本明治四十年（一九〇七）到大正四年（一九一六）的短短九年時間內，反覆印刷了二十五次！可惜很多中文讀者還未能有機會領略該書奧義，實在是一大遺憾！

為了讓《菜根譚》的思想流傳更廣，傳統優良文化有助於世道人心，本人不吝鄙陋，斗膽對《菜根譚》進行當代闡釋和解讀。由於才疏學淺，我的解讀單薄牽強甚至隔靴搔癢，都將在所難免。書中出現的所有不足，懇請讀者諸君見諒並不吝賜教。

每天懂一點人情世故

菜根譚中的做人做事智慧

作者　章岩
責任編輯　曾琬瑜
封面設計　周家瑤
版面構成　賴姵伶
行銷企劃　劉妍伶

發行人　王榮文
出版發行　遠流出版事業股份有限公司
地址　104005 台北市中山區中山北路 1 段 11 號 13 樓
客服電話　02-2571-0297
傳真　02-2571-0197
著作權顧問　蕭雄淋律師

2024 年 3 月 1 日 初版一刷
定價 新台幣 340 元（如有缺頁或破損，請寄回更換）

ISBN 978-626-361-464-2
遠流博識網 http://www.ylib.com E-mail: ylib@ylib.com

國家圖書館出版品預行編目 (CIP) 資料

每天懂一點人情世故 : 菜根譚中的做人做事智慧 / 章岩著 . -- 初版 . -- 臺北市 : 遠流出版事業股份有限公司 , 2024.03
面 ; 公分
ISBN 978-626-361-464-2(平裝)
1.CST: 修身 2.CST: 人生哲學
192.1　　112022806